혼김치

혼자 사는 사람들을 위한 김치

배양자 지음

PROLOGUE

천혜의 자연을 품은 거제도에서 태어났어요. 사방이 자연에서 주는 식재료 천국이었죠. 거기에 손맛 좋기로 소문난 엄마 밑에서 자랐으니 제 미각이 오죽했을까요. 산과 바다에서 나는 가장 신선한 재료들을 계절마다 먹을 수 있었던 것도 큰 복이었다고 생각해요.

올해로 20년째 한식 브랜드 '정성담'을 운영하고 있으면서도 식재료 하나하나를 제가 직접 찾아다니며 만들고 있으니 살아온 환경은 무시할 수 없는 것 같아요. 만약 식당을 비즈니스로만 생각했다면 제철 식재료, 산지 등에 이렇게까지 민감했을까 싶어요. 요즘도 지인들과 직원들한테 유난 떠는 대표로 불리지만, 그게 저만의 엄청난 실력이라고 생각한답니다. '정성담'에서는 갈비탕, 갈비찜, 숯불구이 등을 메인으로 판매하고 있지만 오랜 단골들은 하나같이 저희 김치와 밑반찬에 대한 칭찬을 많이 해주세요. 좋은 고기를 사용하는 곳은 많지만, 밑반찬과 김치에까지 정성을 쏟는 집은 흔치 않다고들 하지요. 저는 손님상에 올라가는 모든 접시의 음식은 정성이어야 한다는 고집이 있어요. 샐러드드레싱에 사용되는 유자청 하나도 제철에 거제도에서 직접 구입한 유자를 직원들과 함께 하나하나 손질해서 청을 담가 쓸 정도니 제가 생각해도 유난은 유난인 것 같아요. 그중에서도 포기할 수 없는 저의 필살기가 바로 김치랍니다.

고지식하게 들릴 수도 있지만 한국인에게 '김치'는 기본이자 근본이라고 생각해요. 김치의 맛을 모르는 사람은 한국인이 아니라는 엄격함도 가지고 있는 게 사실이고요. 음식이 주는 힘은 참 큰 것 같아요. '내가 먹는 것이 나를 바꾼다'는 말을 참 좋아해요. 그런 의미에서도 김치는 우리 식문화의 가장 중심에 자리해야 한다고 생각해요. 감사하게도 음식과 식재료에 대한 남다른 애정과 손맛을 지니고 있어서 곳곳에서 작게나마 김치 홍보와 관련된 활동을 꾸준히 해오고 있어요. 그러면서 느끼는 안타까운 점이 김치를 담그는 방법이 요즘 젊은 사람들에게 좀 부담스러울 수 있겠다는 사실이죠. 아무리 좋은 문화도 여건과 환경이 안 되고, 관심이 없으면 스며들지 못하는 법인데, 김치가 딱 그렇더라고요. 직접 만들어 먹지 못한다면 과연 김치가 우리 식문화에 존속할 수 있을까요?

저는 아들과 딸, 두 아이를 두고 있는데, 어렸을 때부터 각종 김치를 제가 직접 담가 먹이다 보니 아이들 모두 김치 없이는 밥을 못 먹게 되더라고요. 그렇게 자라서 두 녀석 모두 해외에서 공부하게 됐는데, 그때 이 아이들이 김치를 무척 그리워했어요. 그 모습을 보면서 엄마로서 안타까운 마음이 들기도 했지만, 다 큰 아이들이 조금씩이라도 직접 담가 먹지 못하는 현실이 더 답답하더라고요. 김치는 왜 무조건 김장처럼 거창하게 만들어야 할까? 재료는 또 왜 그렇게 많이 필요한가? 김치도 샐러드처럼 쉽고 간편하게 접근할 수 없을까? 여러 가지 생각이 들었어요. 그래서 결심했죠. 당장 우리 아이들부터 해결해야겠더라고요. 한국의 전통적인 김치부터 담가 먹으라고 강요하는 건 가능하지도 않고 부담스러울 거라는 생각이 들었죠. 그래서 쉽고 간편하게, 하지만 맛있게 만들어 먹을 수 있는 김치 레시피를 알려야겠다고 결심한 거예요. 그렇게 일상에서 김치를 쉽게 접하다 보면 분명히 우리의 전통적인 김치에도 관심을 가질 수밖에 없을 거라는 확신이 생겼습니다. 「혼김치」라는 이 책을 시작으로 우리 아이들, 한국의 혼자 사는 사람들, 가정주부 모두에게 우리 김치에 대한 관심과 애정을 다시금 찾게 해주고 싶어요. 그다음에는 김치를 케이푸드(K-food)의 최전방에 세울 수 있게 해야겠죠? 그 시작을 함께해주신 독자 여러분 고맙습니다.

2022년 8월 **배 양 자**

시작은 엄마로서
작은 바람이었지만,
지금은 뚜렷한 목표와
책임감이 생겼어요

CONTENTS

part. 1
하루에 김치

부추김치
브로콜리김치
배추겉절이
연근토마토김치
깻잎김치
셀러리김치
우엉김치
열무물김치
쪽파김치
무채김치
겨자잎김치
돌나물물김치

part. 2
냉털이 김치

대파김치
쌈채소김치
무고추장아찌김치
마늘장아찌방울토마토김치
황태고추김치
건새우가지김치
과일물김치
수박콜라비섞박지

part. 3
채식주의 김치

배추김치
양파김치
무돌돌이김치
양배추깻잎김치
오이소박이

part. 4
손쉽다 김치

표준배추김치
깍두기
총각김치
간단보쌈김치
번개동치미

part. 5
울엄마 김치

대구아가미깍두기
감태김치
멍게김치
유자백김치
갈치무쩍김치

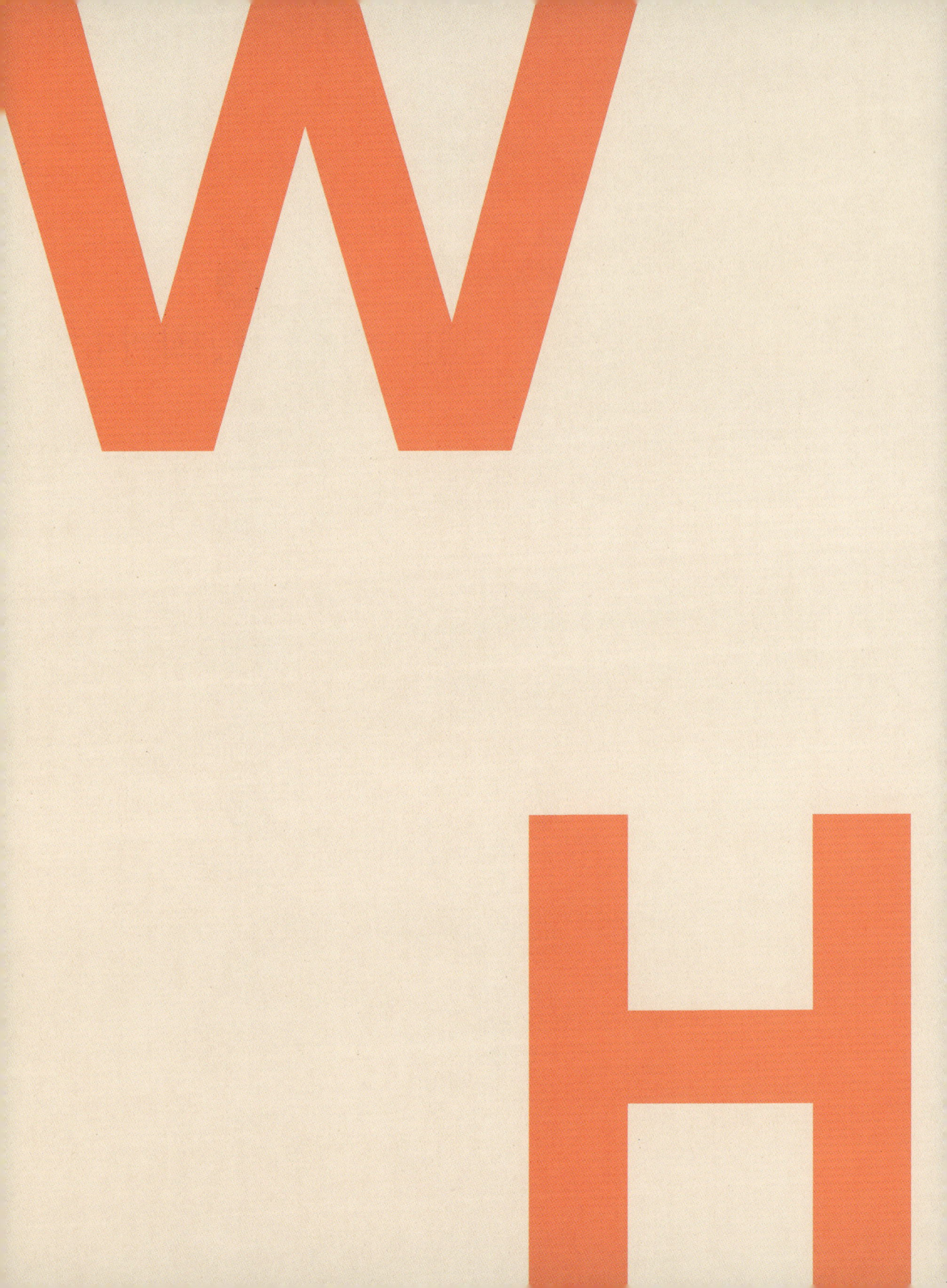

Q. 「혼김치」의 저자는 누구인가요?
A. 대외적으로는 ㈜정성담 F&B 대표이자 한식 전문가,
김치 전문가라는 거창한 타이틀을 가지고 활동하고 있지만,
집에서는 여느 집과 다름없이 두 남매의 먹거리 고민을 하는 평범한 엄마이지요.

Q. 「혼김치」는 무슨 책인가요?

A. 김치 레시피북입니다. 기존 김치책과 다른 점은 누구나 간편하게 만들 수 있는 쉬운 김치 레시피만 모았어요. 물론 엄마의 추억이 담긴 김치 레시피들도 몇 가지 소개했지만, 이 책의 주된 목적은 '쉬운 김치, 맛있는 김치 담그기'랍니다.

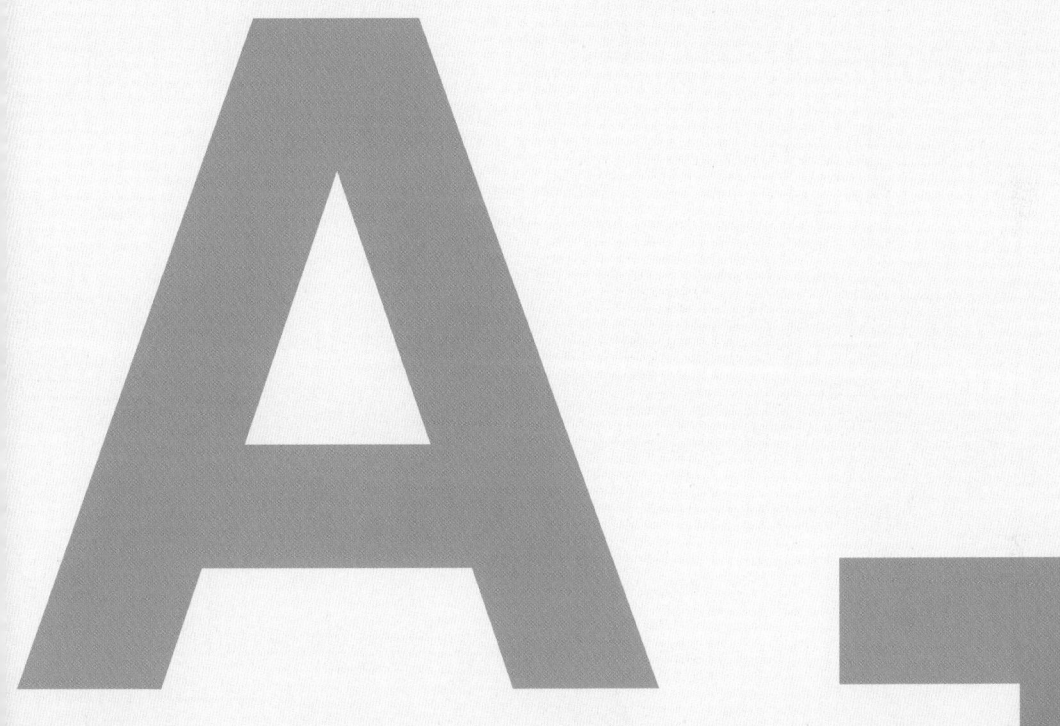

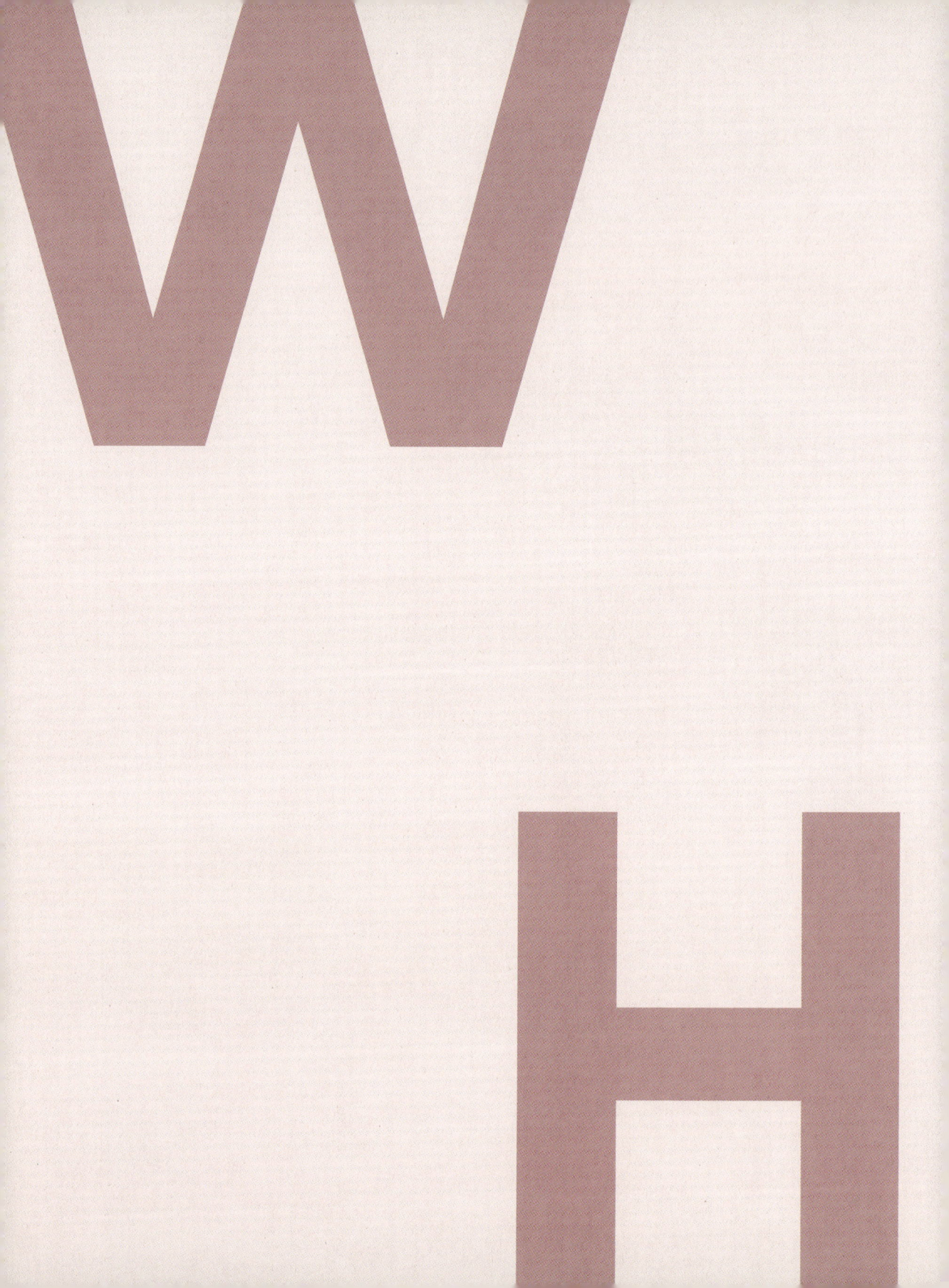

Q. 왜 「혼김치」라는 책을 만드셨나요?

A. 저는 김치를 사랑합니다. 제가 우리 집 아이들이 어렸을 때부터 각종 김치를 직접 만들어 먹였더니 우리 아이들도 김치를 무척 좋아해요. 그런데, 정작 성인이 된 우리 아이들이 그렇게 좋아하는 김치를 직접 담그지 못한다는 사실이 안타깝더라고요. 복잡한 과정이 필요한 김치 담그는 법을 알려주기보다는, 우선 김치와 친해지게 해야겠다고 생각했어요. 그래서 누구나 쉽고 간편하게 만들 수 있는 김치 레시피를 이 책에 담았습니다. 하지만 이건 시작에 불과해요. 우리 아이들을 넘어서 전 세계 사람들이 한국의 김치를 좋아하게 만들고 싶어요.

H

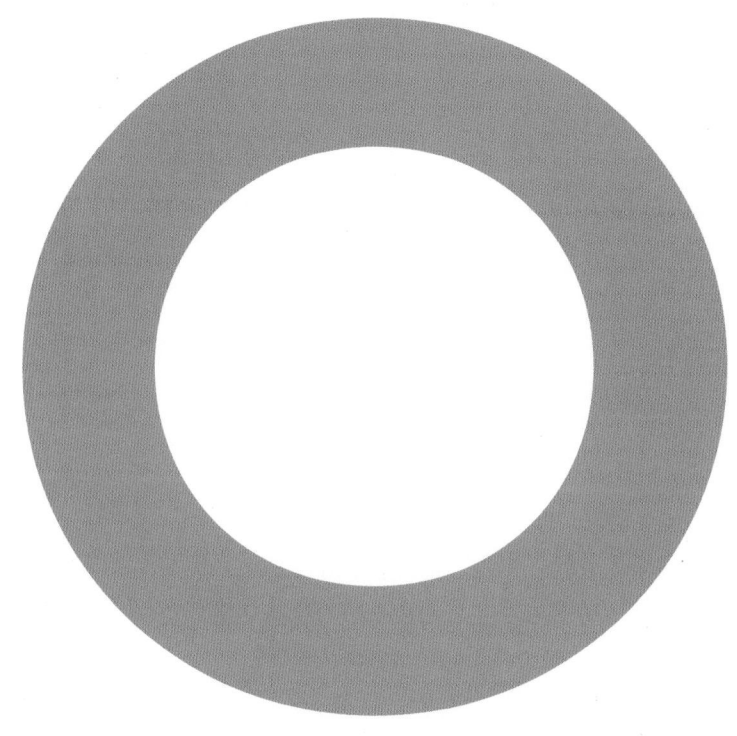

Q. 「혼김치」를 어떻게 활용하면 좋을까요?
A. 우선 목차를 보고 자신의 라이프스타일이나 취향에 맞는 파트를 먼저 찾아보세요. 그리고 가장 먹고 싶은 김치 레시피를 따라 해보세요. 그렇게 이 책의 김치 중 3가지만 따라 만들어본다면, 당신은 이미 '김치러버'의 길로 들어선 거예요.

COMPOSITION

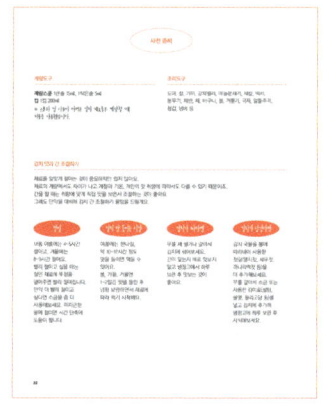

16P~ 20P 파트별 주재료

각 파트별 메인 재료들을 한눈에 볼 수 있게 정리했어요. 내가 가지고 있는 식재료가 무엇인지, 또는 내가 좋아하는 식재료가 무엇인지를 먼저 확인하고 레시피를 보는 것도 도움이 될 거예요.

21P 부재료

부재료는 김치에 기본적으로 들어가는 양념들을 나열했어요. 평소에도 준비가 되어 있으면 메인 식재료만 구입해 바로바로 김치를 만들 수 있답니다.

22P~23P 사전준비&팁

김치를 좀 더 쉽게 만들기 위해 자주 사용되는 '사전 재료 만들기'를 소개했어요. 또한 김치를 더 맛있게 먹을 수 있는 팁도 함께 담았어요.

책 활용 가이드

24P~25P 용기 및 보관

이 책에 소개된 김치 레시피는 전통 김치 레시피보다는 쉽고 간편하게 만들 수 있는 소량 단위가 대부분이기 때문에 대형 김치통보다는 작고 위생적인 밀폐 유리병을 추천하고 있답니다. 용도에 맞게 선택해보세요.

78P 배추김치

① 완성된 요리 사진입니다. 레시피뿐만 아니라 담음새도 따라 해보면 훨씬 멋스러운 차림이 될 거예요.

② **분량**은 메인 식재료의 양을 기준으로 표기하거나, 먹을 수 있는 횟수를 분량으로 표기했어요.

③ **먹는 시기**는 가장 빠르게 먹을 수 있는 시기를 표기했어요.

④ **보관 기간**은 만든 후 최대한 보관할 수 있는 기간을 표기했어요.

⑤ **재료**는 메인 재료와 절임, 양념 등 보기 쉽게 카테고리를 나누어 정리했어요.

⑥ **만드는 과정**은 재료를 써는 크기와 절이는 방법 등 최대한 자세하게 기록했어요.

⑦ **쿠킹팁**은 요리를 쉽게 할 수 있는 팁이나 간 맞추는 방법, 보관 방법 등을 정리했어요.

part.01 주재료

돌나물 잎이 짧고 굵으며 통통한 것이 맛있어요.

무 흠집이 없고 잔뿌리가 적은 무가 좋아요.

열무 무의 길이가 길지 않고 통통한 것이 좋아요.

토마토 붉은색이 짙고 표면이 매끈한 것이 좋아요.

돌나물 잎이 짧고 굵으며 통통한 것이 맛있어요.

브로콜리 송이가 단단한 것이 좋아요.

쪽파 뿌리가 동그랗고 흙이 묻어 있으며 길이는 짧고 통통한 게 좋아요.

부추 잎이 푸르고 싱싱한 부추가 좋아요.

셀러리 줄기가 굵고 단단한 것이 좋아요.

우엉 단단하면서 촉촉한 수분이 느껴지는 우엉을 고르세요.

배추 겉잎은 진한 녹색, 잘랐을 때 단면은 노란색인 배추가 좋아요.

깻잎 녹색이 짙고 반점이 없는 것을 고르세요.

겨자잎 검붉은 색으로 이파리가 두꺼운 것이 좋아요.

주재료 part.02

쌈채소 고기 싸 먹고 남은 쌈채소를 활용해보세요.

방울토마토 꼭지가 신선하게 붙어 있고 무르지 않은 것이 좋아요.

건새우 색깔이 선명하고 구수한 냄새가 나는 것을 고르세요.

마늘장아찌 너무 무르지 않고 적당히 익은 마늘장아찌를 활용하세요.

석류 무게가 묵직하고 흠집이 없는 석류를 고르세요.

황태 빛깔이 노랗고 살이 연한 것이 좋아요.

고추 표면이 매끈하고 색이 선명한 것이 좋아요.

건고추 흔들었을 때 찰랑찰랑 소리가 나는 것이 좋아요.

가지 겉면에 상처가 없고 윤기가 흐르는 것이 좋아요.

대파 흰 줄기 부분이 길고 뿌리가 많은 것이 좋아요.

사과 단단하고 무거우며 꼭지가 싱싱한 사과를 고르세요.

배 꼭지 부분이 깊고 넓게 파인 것을 고르세요.

수박 줄무늬가 선명하고 배꼽이 작은 수박이 맛있어요.

주재료 part.03

깻잎 녹색이 짙고 반점이 없는 것을 고르세요.

무 흠집이 없고 잔뿌리가 적은 무가 좋아요.

깻잎 녹색이 짙고 반점이 없는 것을 고르세요.

양파 단단하고 껍질이 잘 마른 것이 좋아요.

배 꼭지 부분이 깊고 넓게 파인 것을 고르세요.

오이 곧게 뻗은 모양의, 단단하고 꼭지가 신선한 것을 고르세요.

고추 표면이 매끈하고 색이 선명한 것이 좋아요.

파프리카 통통하고 단단한 것이 좋아요.

미나리 잎의 초록색이 선명하고 밑동 부분은 적갈색을 띠는 것이 좋아요.

배추 겉잎은 진한 녹색, 잘랐을 때 단면은 노란색인 배추가 좋아요.

양배추 모양이 동그랗고 겉잎은 연한 녹색을 띠는 것이 좋아요.

주재료 part.04

미나리 잎의 초록색이 선명하고 밑동 부분은 적갈색을 띠는 것이 좋아요.

무 흠집이 없고 잔뿌리가 적은 무가 좋아요.

유자청 냉장고에 있는 유자청을 활용해보세요.

총각무 알이 너무 크지 않고 단단한 것이 좋아요.

미나리 잎의 초록색이 선명하고 밑동 부분은 적갈색을 띠는 것이 좋아요.

쪽파 뿌리가 동그랗고 흙이 묻어 있으며 길이는 짧고 통통한 게 좋아요.

배 꼭지 부분이 깊고 넓게 파인 것을 고르세요.

배추 겉잎은 진한 녹색, 잘랐을 때 단면은 노란색인 배추가 좋아요.

주재료 part.05

대구 아가미
껍질에 광택이 나고 비늘이
단단하게 붙어 있는
대구의 아가미가 좋아요.

무 흠집이 없고 잔뿌리가 적은 무가 좋아요.

고추 표면이 매끈하고 색이 선명한 것이 좋아요.

쪽파 뿌리가 동그랗고 흙이 묻어 있으며 길이는 짧고 통통한 게 좋아요.

배추 겉잎은 진한 녹색, 잘랐을 때 단면은 노란색인 배추가 좋아요.

갈치 두께가 두껍고, 잘랐을 때 단면이 고르고 밝은 갈치가 좋아요.

멍게 좋은 멍게는 껍질 색이 붉고 크기가 고르며, 단단하고 광택이 나요.

대구 아가미 껍질에 광택이 나고 비늘이 단단하게 붙어 있는 대구의 아가미가 좋아요.

감태 초록색이 짙을수록 좋은 감태랍니다.

부재료

고춧가루
건고추·실고추·고추씨
청고추·홍고추·청양고추
고추장아찌
대파·쪽파·양파
마늘·생강·부추·미나리
까나리액젓·멸치액젓·새우젓
석이버섯·목이버섯
밤·대추·잣·깨·검정깨
설탕·물엿·유자청·조청
간장·설탕·소금(5년 이상 된 천일염)
다시마
사과·배

사전 준비

계량도구

계량스푼 1큰술 15㎖, 1작은술 5㎖
컵 1컵 200㎖
※ 스푼과 컵 사용이 어려운 김치 재료들은 계량할 때 저울을 사용했습니다.

조리도구

도마, 칼, 가위, 감자필러, 마늘분쇄기, 채칼, 믹서, 분무기, 채반, 체, 바구니, 볼, 거품기, 국자, 알뜰주걱, 장갑, 냄비 등

김치 맛과 간 조절하기

재료를 알맞게 절이는 것이 중요하지만 쉽지 않아요.
재료의 계량에서도 차이가 나고 계절과 기온, 개인의 맛 취향에 따라서도 다를 수 있기 때문이죠.
간을 할 때는 취향에 맞게 직접 맛을 보면서 조절하는 것이 좋아요.
그래도 만약을 대비해 김치 간 조절하기 꿀팁을 드릴게요.

절임

보통 여름에는 4~5시간 절이고, 겨울에는 8~9시간 절여요.
빨리 절이고 싶을 때는 절인 재료에 뚜껑을 덮어주면 빨리 절여집니다.
만약 더 빨리 절이고 싶다면 소금을 좀 더 사용해보세요. 미지근한 물에 절이면 시간 단축에 도움이 됩니다.

김치 맛 들이는 시간

여름에는 한나절, 약 10~12시간 정도 맛을 들이면 먹을 수 있어요.
봄, 가을, 겨울엔 1~2일간 맛을 들인 후 냉장 보관하면서 재료에 따라 먹기 시작해요.

김치가 짜다면

무를 채 썰거나 갈아서 김치에 섞어보세요.
간이 맞는지 바로 맛보지 말고 냉장고에서 하루 보관 후 맛보는 것이 좋아요.

김치가 싱겁다면

김치 국물을 볼에 따라내어 사용한 젓갈(멸치젓, 새우젓, 까나리액젓 등)을 더 추가해보세요.
무를 갈아서 소금 또는 사용한 감미료(설탕, 물엿, 올리고당 등)를 넣고 김치에 추가해 냉장고에 하루 보관 후 시식해보세요.

김치 맛내기 재료

물

물김치나 김치 양념을 만들 때 육수 또는 물을 사용해요.
이 책에서는 모든 김치를 만들 때 순수한 물만 사용했어요.

육수 | 야채와 과일, 껍질, 뿌리 등(사과, 배, 대추, 양파, 대파, 파뿌리, 표고버섯, 다시마, 통후추 등)을 이용하여 김치의 맛과 영양을 풍부하게 해줍니다.
물 | 육수 대신 물을 사용하면 김치 재료 본연의 순수한 맛을 볼 수 있고 간편하다는 장점이 있어요.

곡물 풀 또는 죽

김치에 단맛을 내고 양념에 윤기를 주며, 김치의 농도 조절과 숙성에 도움을 줍니다. 또한 잎채소들의 풋내를 억제하고 양념들과 잘 섞이게 하는 윤활유 역할을 해요.

찹쌀죽 | 씻은 찹쌀 ¼컵+물 2½컵을 함께 센 불에서 끓이다가 약불로 조려요. 찹쌀의 알갱이가 터져 있고 끈적한 즙이 보이면 불을 끄고 식혀서 사용해요.
밀가루풀 | 물 1컵을 냄비에 넣고 끓으면 밀가루 1큰술+물 2큰술을 곱게 갠 것을 넣고 약불로 조려요. 보글보글 끓어오르면 식혀서 사용해요.
밥 | 밥을 양념들과 함께 믹서에 넣어 갈거나, 끓여서 사용해요.

육수

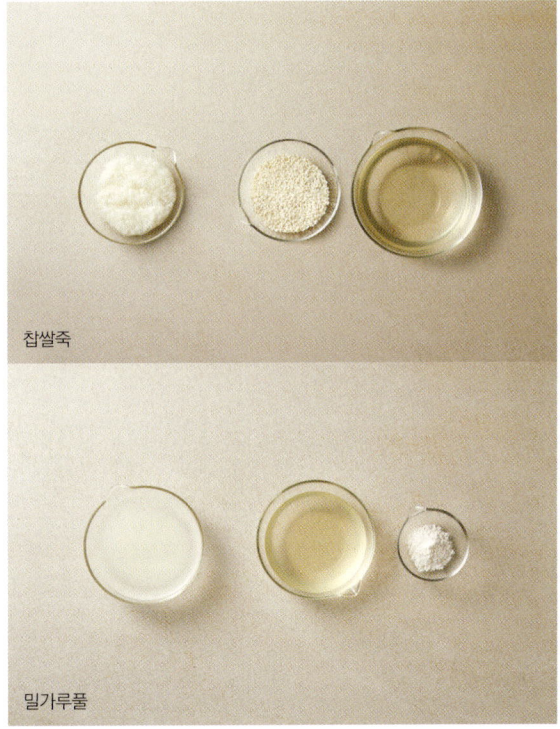

찹쌀죽

밀가루풀

용기 및 보관

BALL MASON JAR WIDE MOUTH
볼 메이슨 자
깍두기처럼 입자가 작은
김치들을 넣기에 좋아요.

PYREX
파이렉스 유리 보관용기
'하루에 김치'처럼 금방
꺼내 먹을 김치들을 담으면
간편해요.

김치를 보관하는 방법과 기간에 따라 알맞은 용기에 보관해야
맛있는 김치를 먹을 수 있어요!

SILICOOK
실리쿡 유리 보관용기
비교적 양이 많은 김치를
보관해요.

KILNER
킬너 유리 보관용기
1인용으로 딱!
양이 적은 김치를
담기에 좋아요.

큰 김치통
'손쉽다 김치', '울엄마 김치'처럼
오래 두고 먹을 김치를
담아두기에 좋아요.

김치는 무조건 숙성시켜야 맛있다는 생각은 오산!
쉽게 만들어서 샐러드처럼 신선하게 하루 만에 먹을 수 있는 김치를 만들어보자.

부추김치
브로콜리김치
배추겉절이
연근토마토김치
깻잎김치
셀러리김치
우엉김치
열무물김치
쪽파김치
무채김치
겨자잎김치
돌나물물김치

part.01

하루에 김치

*이 책의 모든 김치 레시피는 바로 만들어 먹을 수 있도록 소금의 양을 최소화하여 만들었습니다.

part. 1 Kimchi Story [하루에 김치]

만들어서 '하루에 먹는 김치'라는 뜻을 담아 '하루에 김치'라는 이름을 붙였어요. 깻잎, 쪽파 등 평소에 쉽게 접할 수 있는 흔한 재료지만 흔하지 않게 만들려고 노력한 레시피랍니다. 가족 수가 많지 않은 단출한 독립 가구가 점점 늘면서 혼자 살며 '혼밥'을 먹는 이들이 많아졌어요. 이들도 김치를 만들어 먹을 수 있게 하려는 의도로 만든 레시피들이에요. 저장성이 높아 많은 양을 담그는 김치를 나물이나 샐러드처럼 한두 끼에 다 먹을 수 있게 만들었어요. 간단한 식사라도 채소로 만든 건강한 김치를 곁들여 먹었으면 하는 엄마 마음으로 김치를 만들었어요.

부추김치
몸에 좋은 부추로
맛있는 김치 완성!

브로콜리김치
싱싱한 브로콜리, 초장에 찍어 먹기만
하지 말고 별미 김치를 만들어보자.

배추겉절이
무쳐서 바로 먹는 '하루에 김치'의 대표 주자.
배추겉절이는 자취생 필수 김치다!

연근토마토김치
파티 음식으로 내놓아도 좋을
'비주얼 대박' 김치! 레시피도 간단하니
친구들 초대할 때 만들어보자.

깻잎김치
밥상 필수 반찬!
이거 하나면 밥 한 공기 뚝딱이다.

셀러리김치

김치도 샐러드처럼 가볍게 먹을 수 있다!
셀러리 특유의 향을 김치로도 즐겨보자.

우엉김치

아삭한 식감의 우엉으로 만든 김치!
특유의 개운한 맛이 입맛을 돋운다.

열무물김치

여름에 먹어도, 겨울에 먹어도 맛있는 물김치.
입맛 없을 때 열무물김치만 한 게 없다.

쪽파김치

짜장라면 먹을 때 찰떡궁합을 자랑하는 파김치!
싱싱한 쪽파로 쉽게 만들어 먹어보자.

무채김치

무채김치 후다닥 만들어서
달걀 프라이, 김만 있으면 밥 한 그릇 뚝딱!

겨자잎김치

특유의 쌉싸름한 맛이 매력적인 겨자잎김치.
갓김치처럼 독특한 맛이 나니 꼭 담가보자.

돌나물물김치

독특한 향과 아삭한 식감이 매력적인 돌나물로
물김치를 담그면 별미 김치 완성!

부추김치

분량 3회분 | **먹는 시기** 즉시 | **보관 기간** 최대 5일

Ingredient

부추 100g, 청양고추 ½개, 고춧가루 ⅔큰술, 고추씨·통깨 ½작은술씩
양념 멸치액젓·물 1큰술씩, 밀가루풀·고춧가루 ⅔큰술씩, 설탕 ½작은술

How to make

1 부추는 씻어 물기를 털고 4cm 길이로 썬다.
2 청양고추는 얇게 송송 썬다.
3 양념 재료를 모두 넣어 고루 섞은 뒤 부추, 청양고추, 고춧가루, 고추씨, 통깨를 넣어 가볍게 버무린다.

Cooking Tip

* 부추를 양념에 버무릴 때 손가락 또는 나무젓가락으로 힘을 빼고 가볍게 버무려야 부추가 상하지 않아요. 이렇게 하면 풋내 없는 부추김치 맛을 즐길 수 있어요.

브로콜리김치

분량 5회분 | **먹는 시기** 즉시 | **보관 기간** 최대 5일

Ingredient

브로콜리 1개(170g), 오이 ½개(110g), 소금 ½큰술, 양파 ¼개(50g),
홍파프리카 1개, 통깨 ½큰술, 쪽파 2줄기
양념 물·밀가루풀·고춧가루 1큰술씩, 다진 마늘·설탕 1작은술씩,
새우젓·까나리액젓 ½큰술씩

How to make

1 브로콜리는 한입 크기로 송이를 뗀 다음 체에 담아 끓는 물을 끼얹고 찬물에 씻어
물기를 거둔다. 줄기가 딱딱한 부분은 껍질을 벗겨서 자른다.
2 오이는 2cm 길이로 썰어 윗부분에 어슷하게 칼집을 넣은 다음 깍둑썰기한다.
3 ①, ②에 소금을 뿌려 섞고 약 5분간 절인 뒤 손으로 물기를 꼭 짠다.
4 쪽파는 3cm 길이로 썰고, 양파는 1cm 크기로 깍둑썰기하고
홍파프리카는 1×3cm 크기로 썬다.
5 양념 재료를 모두 담고 ④의 채소들을 넣어 고루 섞은 다음
절인 브로콜리와 오이를 넣어 버무리고 통깨를 뿌려 살짝 섞는다.

배추겉절이

| 분량 6회분 | 먹는 시기 즉시 | 보관 기간 3일 |

Ingredient

알배기배추 500g, 쪽파 6줄기(50g), 홍고추 2개(30g), 대파 흰 부분 100g, 통깨 약간
절임 물 ½컵, 소금 40g
양념 찹쌀풀·다진 마늘 1½큰술씩, 고춧가루·물·멸치액젓 2큰술씩,
다진 생강·설탕·새우젓 1작은술씩

How to make

1 알배기배추는 잎을 하나씩 떼어 물을 끼얹고 소금을 뿌린 다음 30분간 절인다.
2 배추가 절여지면 헹군 뒤 물기를 빼고 손으로 찢는다.
3 쪽파는 3cm 길이로 썰고, 홍고추와 대파는 다진다.
4 ③과 양념 재료를 함께 잘 섞은 뒤 ②의 배추를 넣고 버무리고
통깨를 뿌려 한 번 더 버무린다.

Cooking Tip

* 겉절이김치를 담글 때 배추는 손으로 찢는 게 영양 손실도 적고 더욱 맛있어 보여요.
* 전통 한국식 샐러드인 겉절이는 만든 즉시 먹는 게 좋아요!
  길어도 2~3일 이내로는 먹어야 제맛을 즐길 수 있어요.

연근토마토김치

분량 5회분 | **먹는 시기** 즉시 | **보관 기간** 3~4일

Ingredient

대저토마토 3개, 연근 ¼개(100g), 잣 ½큰술, 실고추 약간
양념 양파 20g, 마늘 10g, 청양고추 2개, 홍고추 ⅓개, 까나리액젓 1큰술(15g), 소금 8g
김치 국물 물 2컵, 다진 연근·다진 양파 20g씩, 다진 생강 5g, 다진 청양고추 1개분, 찹쌀죽 2큰술

How to make

1 대저토마토는 1cm 두께로 썰고, 껍질 벗긴 연근은 0.2cm 두께의 편으로 썬다.
2 ①의 연근에 끓는 물을 끼얹고 찬물에 씻은 뒤 체에 밭쳐 물기를 뺀다.
3 ①의 대저토마토와 ②의 연근을 함께 담아 까나리액젓을 넣고 고루 섞어 밑간을 한다.
4 양파는 가늘게 채 썰고, 마늘은 얇은 편으로 썰고, 청양고추와 홍고추는 송송 썰어 ③에 넣어 함께 섞는다.
5 김치 국물 재료의 물 2컵 중 1컵과 나머지 재료와 함께 믹서에 간다. 고운체에 국물만 걸러낸 다음 남은 물과 섞는다.
6 ⑤의 완성한 김치 국물을 건더기가 잠길 정도로 붓고 실온에서 반나절 두었다가 냉장고에 보관한다.
7 상에 낼 때 잣과 실고추를 고명으로 얹는다.

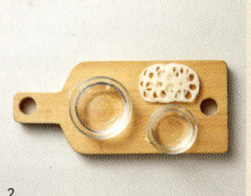

Cooking Tip

* 재료 전체가 국물에 충분히 잠길 수 있어야 하므로 물김치용 김치통은 깊은 것이 좋아요.
* 토마토와 연근에 따로 간을 하지 않고 액젓으로만 간을 맞추는 이유는 국물에도 간을 하기 때문이에요.

깻잎김치

분량 10회분 | **먹는 시기** 즉시 | **보관 기간** 최대 5일

Ingredient

깻잎 30장, 쪽파 2줄기, 홍고추 1개
양념 멸치액젓·다진 마늘·밀가루풀 ½큰술씩, 고춧가루 ⅔큰술,
다진 양파 2큰술, 고추씨 ⅓작은술

How to make

1 깻잎은 물에 씻어 물기를 털어낸다.
2 쪽파는 송송 썰고, 홍고추는 씨를 뺀 뒤 3cm 길이로 채 썰어 양념 재료와 섞는다.
3 ①의 깻잎 3장을 겹쳐 놓고 ②의 양념을 맨 윗장에 바른 후 깻잎 3장을 한꺼번에 반으로 접는다. 나머지 깻잎도 같은 방법으로 만들어 차곡차곡 김치통에 담는다.

Cooking Tip

* 깻잎을 소금물에 절이지 않고 담가 신선한 맛이 포인트랍니다.
* 깻잎 자체가 향이 강하기 때문에 생강은 생략했어요.
* 한 끼에 3장씩만 먹으면 10회, 더 많이 먹으면 금세 없어지는 밥도둑 반찬!

셀러리김치

| 분량 4회분 | 먹는 시기 즉시 | 보관 기간 최대 5일 |

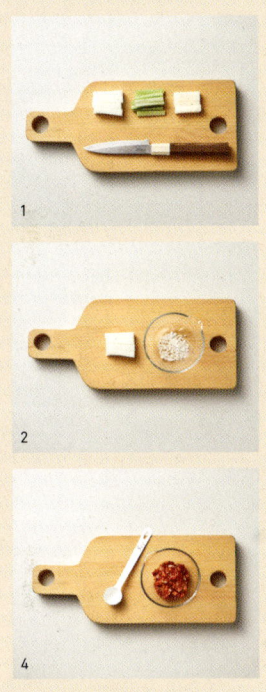

Ingredient

셀러리 150g, 무 100g, 쪽파·홍고추 20g씩, 검은깨 ⅓작은술
절임 소금 1큰술, 설탕 ½작은술, 물 ⅓컵
양념 멸치액젓 ⅔큰술, 새우젓 1작은술, 다진 마늘 ½큰술,
다진 생강 ½작은술, 다진 양파 2큰술(40g), 고춧가루 1⅓큰술

How to make

1. 셀러리와 무는 길이 7cm, 두께 0.5cm의 막대형으로 자른다.
2. ①에 소금과 설탕을 뿌리고 스프레이로 물 ⅓컵을 뿌려 약 5분간 절인 후 손으로 물기를 꼭 짠다.
3. 쪽파는 3cm 길이로 썰고, 홍고추는 곱게 다진다.
4. 양념 재료와 ③을 고루 섞은 뒤 ②를 넣고 가볍게 섞으며 버무린다.
5. 검은깨를 뿌리고 한 번 더 섞는다.

Cooking Tip

* 양이 적은 김치는 절임물에 절이는 것보다 직접 소금을 뿌려 절이는 것이 간단하고 영양 손실도 적어요.
* 절임 시간을 단축하고 싶다면 설탕을 추가해보세요.

우엉김치

| 분량 6회분 | 먹는 시기 즉시 | 보관 기간 최대 5일 |

Ingredient

우엉 200g, 당근 ⅓개(50g), 무 100g, 쪽파·대파 흰 부분 40g씩, 검은깨 ½작은술
절임 소금·설탕 10g씩, 물 80g
양념 멸치액젓·고춧가루 1⅓큰술씩, 찹쌀풀 1큰술, 다진 마늘 ⅓큰술,
다진 생강·올리고당 ⅓작은술씩

How to make

1 우엉은 4cm 길이로 얇게 어슷썰기하고, 당근은 반달 모양으로 썬다.
무는 우엉 크기로 얇게 편으로 썬다.
2 ①의 우엉, 당근, 무에 소금, 설탕을 넣고 섞으면서 스프레이로 물을 뿌린다.
한두 번 뒤집어주며 7분간 절인 뒤 손으로 물기를 꼭 짠다.
3 쪽파는 3cm 길이로 썰고 대파는 곱게 다진다.
4 분량의 양념 재료를 한데 섞는다.
5 ②에 쪽파와 대파를 넣고 ④의 양념으로 버무린 다음 검은깨를 뿌려 가볍게 섞는다.
반나절 실온에 두었다가 냉장고에 넣는다.

Cooking Tip

* 우엉의 딱딱함을 줄이고 싶다면 끓는 물에 데쳐 사용해보세요.
* 우엉의 섬유질이 부드럽게 씹히도록 얇게 어슷썰기하는 것이 포인트!

열무물김치

| 분량 8회분 | 먹는 시기 3일 후 | 보관 기간 5~7일 |

Ingredient

열무 1단(1.2kg), 쪽파 80g, 양파 ¼개(40g)
고명 풋고추·홍고추 ½개씩
절임 물 2ℓ, 소금 ⅓컵
양념 A - 청양고추 3개, 새우젓 ⅔큰술, 까나리액젓 50㎖, 설탕 1큰술, 건고추 2개,
　　　　　마늘 7쪽(20g), 생강 5g, 껍질 벗긴 배 60g, 양파 ¼개, 사과 ½개, 물 ½컵
　　　 B - 홍고추 4개, 물 ½컵, 밀가루풀·밥 3큰술씩,
　　　　　다진 생강·올리고당 ⅓작은술씩
김치 국물 물 1ℓ

How to make

1 열무 뿌리와 줄기는 5cm 길이로 썰고, 잎 부분 끝 1cm는 잘라 버린다. 절임물에 담가
총 30분간 절이면서 한 번 뒤집는다. 절인 열무는 3회 정도 씻어 채반에 올려 물기를 뺀다.
2 쪽파는 3cm 길이로 썰고, 양파는 가늘게 채 썰고, 고명으로 쓸 풋고추와 홍고추는 송송 썬다.
3 양념 재료 A는 갈기 좋은 크기로 썰어 믹서에 간다.
B는 따로 믹서에 간 뒤 A와 섞어 양념을 만든다.
4 김치 국물용 물에 ③을 넣고 간을 본 다음 싱거우면 소금, 짜면 물을 추가해 맛을 조절한다.
5 ①의 열무, ②의 쪽파와 양파를 대략 4회 정도로 나누어 김치통에
겹겹이 담으면서 고명 고추를 얹는다.
④의 김치 국물을 나누어 붓고 실온에서 반나절 지나면 냉장고에 보관한다.

Cooking Tip

* 열무 뿌리는 물김치 맛을 좋게 하고, 잎은 쓴맛이 나므로 잎 끝은 잘라 버립니다.

쪽파김치

| 분량 10회분 | 먹는 시기 1일 후 | 보관 기간 5일 |

Ingredient

손질 된 쪽파 200g, 까나리액젓·물 1큰술씩, 파프리카 ½개
양념 다진 마늘 ½큰술, 다진 홍고추 1개분, 설탕 ½작은술,
고춧가루 1½큰술, 밀가루풀 2큰술

How to make

1 쪽파의 흰 부분에 까나리액젓과 물을 고루 뿌리고 버무려 20분 정도 절여
건져내고 절인 물은 보관한다.
2 양념 재료와 ①의 절인 물을 섞은 뒤 막대형으로 썬 파프리카와 쪽파를 넣어 버무린다.
3 쪽파 1줄기에 파프리카 1개를 흰 부분에 넣고 돌돌 감아 김치통에 차곡차곡 넣어
냉장 보관한다.

Cooking Tip

* 쪽파김치는 액젓으로만 간을 해요. 쪽파는 살짝 절여야 김치가 맛있게 됩니다.
* 기호에 따라 푹 익은 파김치를 좋아한다면 반나절 정도
  실온에서 보관하면 빨리 익어요.

무채김치

분량 3회분　|　**먹는 시기** 당일　|　**보관 기간** 1~2일

Ingredient

무 100g, 홍고추 ¼개
절임 소금 ¼작은술, 설탕 ⅓큰술, 물 30㎖
양념 고운 고춧가루·생강즙 ⅓작은술씩, 식초 1½큰술

How to make

1 무는 두께 0.3cm, 길이 7cm로 채 썰고 절임 재료를 뿌려 뒤집어가며 10분간 절인다. 절인 다음 물기를 빼고 절임물은 그대로 둔다.
2 홍고추는 씨를 빼고 송송 썬다.
3 ①의 무에 고운 고춧가루를 넣고 버무려 색을 입힌다.
4 ①의 절임물에 나머지 양념 재료를 넣고 섞은 다음 ③의 무와 홍고추를 넣어 가볍게 버무린다.

Cooking Tip

* 고운 고춧가루가 없다면 일반 고춧가루를 체에 쳐서 고운 고춧가루를 얻으면 돼요.
* 마늘 없이 생강즙으로 깊은 맛을 낼 수 있어요.

겨자잎김치

| 분량 10회분 | 먹는 시기 즉시 | 보관 기간 5일 |

Ingredient

겨자잎 200g
절임 물 ½컵(100㎖), 소금·설탕 ½큰술씩
김치소 무 130g, 미나리 3줄기, 쪽파 2줄기, 홍고추 1개, 대파 흰 부분 50g
양념 다진 마늘·찹쌀죽·설탕 ½큰술씩, 까나리액젓·멸치액젓·다진 양파 1큰술씩, 다진 생강 ½작은술, 고춧가루 1½큰술

How to make

1 절임물에 겨자잎을 15분간 절이는 동안 한 번 뒤적이고, 절인 뒤에는 물기를 뺀다.
2 김치소의 무는 5×0.3cm 크기로 썬다. 미나리와 쪽파는 5cm 길이로 썰고, 홍고추와 대파는 굵게 다진다.
3 양념 재료와 ②를 고루 섞은 뒤 ①의 겨자잎 한 장 한 장에 바르듯이 얹는다.
4 ③을 김치통에 담고 반나절 실온에 두었다가 냉장 보관한다.

Cooking Tip

★ 겨자잎은 보라색과 초록색의 두 종류가 있어요. 특히 이번 레시피에서 사용한 보라색 겨자잎은 마치 갓처럼 톡 쏘는 맛이 일품이니 김치로 꼭 만들어보세요.
★ 김치소의 무는 굵게 썰어서 씹는 맛의 재미를 더했어요.

돌나물물김치

| 분량 5회분 | 먹는 시기 즉시 | 보관 기간 2~3일 |

Ingredient

돌나물 200g, 파프리카 ½개, 당근 40g, 사과 30g
양념 A - 홍고추 3개, 파프리카 ½개, 밀가루풀·찹쌀죽 ½큰술씩, 설탕 1큰술,
　　　　　마늘 10g, 생강 5g, 무 30g
　　　 B - 물 ½컵, 고춧가루 1큰술
김치 국물 물 2컵, 소금 1⅔큰술

How to make

1 돌나물은 체에 담아 흐르는 물에 씻어 물기를 뺀다.
2 파프리카는 씨를 빼고 5×0.5cm 크기로 썬다. 당근은 지름 1.2cm의 원형으로
얇게 편으로 썰고, 사과는 껍질째 1×0.2cm 크기로 썬다.
3 양념 재료 A는 갈기 좋은 크기로 잘라 믹서에 간 뒤 B재료를 함께 섞어 체에 거른다.
4 ③과 김치 국물 재료를 섞어 간을 조절하고 ①과 ②를 넣어
상온에 반나절 두었다가 냉장 보관한다.

Cooking Tip

* 돌나물은 연해도 쉽게 무르지 않아 물김치를 담기 좋은 재료예요.
* 당근은 원형으로 자르면 예쁘지만, 간단하게 하고 싶다면 사각으로 썰어도 좋아요.
* 김치 국물에 파프리카를 넣어 만든 물김치의 붉은색은 맑고 밝아서 보기 좋아요.
* 물김치는 국물 맛을 꼭 보고 취향에 맞게 간을 조절하세요!

혼자 음식을 해 먹다 보면 늘 재료가 남아 골칫거리.
채소부터 과일까지 냉장고에 남은 재료들로 맛있는 김치를 만들어보자.
냉장고 청소하는 날이 김치 만드는 날이다!

대파김치

쌈채소김치

무고추장아찌김치

마늘장아찌방울토마토김치

황태고추김치

건새우가지김치

과일물김치

수박콜라비섞박지

part.02

냉털이 김치

*이 책의 모든 김치 레시피는 바로 만들어 먹을 수 있도록 소금의 양을 최소화하여 만들었습니다.

part. 2 Kimchi Story [냉털이 김치]

뭐든지 잘 줄여서 말하는 젊은이들을 따라 해보려고 이렇게 이름을 붙였어요.
냉장고를 털어서 만든 '냉털이 김치'를 소개해요. 냉장고에 있는 식재료들은 생각보다 빨리 상해버려요.
특히 혼자 살면 재료들이 냉장고 안에 머물러만 있다가 상해서 쓰레기가 되어
냉장고 밖으로 나오는 경우가 많아 안타까웠어요.
채소들이 다 상하기 전에 김치로 탈바꿈시키려고 만든 레시피들이랍니다.
먹다 남은 채소, 언제 넣어뒀는지 모를 묵은 장아찌, 냉장고를 차지하는 식품들을
강제 소환하여 이렇게 저렇게 만들어본 리폼(reform)형 김치들! 한번 만들어보세요.

대파김치

요리 후 꼭 남는 대파, 버리지 말고
대파김치를 담가보자. 금방 먹어도 맛있고,
익혀 먹어도 맛있는 김치다!

쌈채소김치

삼겹살 먹고 남은 쌈채소들.
냉장고에서 썩히지 말고 김치로 만들면 된다!

무고추장아찌김치

장아찌도 너무 오래 두면 맛이 변한다.
고추장아찌에 무를 넣어 맛있는 김치로 변신!

마늘장아찌방울토마토김치

방울토마토가 시들시들하다면
마늘장아찌를 더해 이색 김치를 만들어보자.

황태고추김치

맥주 안주로 먹고 남은 황태도
김치로 변신할 수 있다. 황태 김치소를
고추에 넣으면 시원한 고추소박이 완성!

건새우가지김치

식감이 특이한 가지와 감칠맛
폭발하는 건새우의 조합.
이전에 없던 새로운 김치를 만들어보자.

과일물김치

과일이 곧 상할 것 같다 싶으면
과일로 달콤한 물김치를 담가보자.

수박콜라비섞박지

여름에 수박 껍질 버리는 게 보통 일이 아니다.
버리지 말고 시원한 섞박지를 만들어보자.

대파김치

분량 9회분 | **먹는 시기** 3일 후 | **보관 기간** 5~7일

Ingredient

대파 흰 부분 3대(320g)
양념 멸치액젓 1⅔큰술, 찹쌀죽·생강청·고춧가루 1큰술씩, 새우젓 ½작은술

How to make

1 대파는 3cm 길이로 썬 뒤 멸치액젓을 부어 2~3회 뒤집어주며 20분 동안 절인다.
2 ①의 절인 대파에 나머지 양념 재료들을 차례로 넣어 대파를 살살 다루며 고루 버무린다.

Cooking Tip

* 액젓으로 절이면 소금 간으로 절인 것보다 맛이 더 깔끔해요.
* 파 자체의 향과 고유의 맛이 강하기 때문에 마늘은 넣지 않고,
  생강 대신 생강청을 넣어요.
* 대파김치는 덜 익은 상태로 먹어도 맛있고, 푹 익은 것도 맛있으니 다양하게 맛보세요!

쌈채소김치

| 🍴 **분량** 5회분 | ⏱ **먹는 시기** 즉시 | 📅 **보관 기간** 5일 |

Ingredient

상추 8장, 케일·비트잎·겨자잎·배춧잎 1장씩, 적채·양배추 ½장씩, 파프리카·사과 ⅓개씩,
무 70g, 당근 30g
양념 까나리액젓 2큰술, 고춧가루·다진 마늘·다진 대파 흰 부분·찹쌀죽·설탕 1큰술씩,
생강청 1작은술

How to make

1 냉장고에 남은 채소들을 털어서 모두 3×3cm 크기로 썬다.
2 파프리카, 사과, 당근은 0.3×3cm 크기로 나박나박 썬다.
3 양념 재료를 잘 섞은 다음 ①과 ②를 넣고 고루 버무린다.
4 담근 즉시 냉장 보관한다.

Cooking Tip

* 절이지 않고 액젓으로 간해서 너무 짜지 않게 담그는 채소 겉절이 김치랍니다.
* 쌉싸름한 맛이 매력적인 쌈채소에 과일과 청을 더해
  단맛과 감칠맛을 높였답니다.

무고추장아찌김치

| 분량 5회분 | 먹는 시기 즉시 | 보관 기간 3주 |

Ingredient

무 500g, 고추장아찌 15개 분량, 청양고추 3개, 홍고추 1개, 양파 ¼개(40g), 소금 약간
양념 까나리액젓·조청·다진마늘 1큰술씩, 생강즙 1작은술, 양파 ¼개(40g), 새우젓 ½작은술
김치 국물 물 1컵, 소금 적당량

How to make

1 무는 길이 7cm, 두께 0.5cm의 막대형으로 썰어 까나리액젓으로 절인다.
2 고추장아찌, 청양고추, 홍고추는 송송 썰고 양파는 채 썬다.
3 양념 재료 중 양파만 강판에 갈아 나머지 재료들을 모두 섞는다.
4 ③에 ①과 ②를 넣어 고루 버무린다.
5 김치 국물을 만들어 ④에 붓고 간을 소금으로 조절하고 김치냉장고에 보관한다.

Cooking Tip

* 이미 맛이 들어 있는 고추장아찌에 생무를 더해 즉시 먹을 수 있지만 깊은 맛이 나는 아이디어 김치랍니다.

마늘장아찌방울토마토김치

| 분량 6회분 | 먹는 시기 즉시 | 보관 기간 3~4일 |

Ingredient

마늘장아찌 100g, 방울토마토 500g, 쪽파·풋고추 1개씩, 양파 ¼개(40g), 배 ⅛개(60g)
양념 까나리액젓 1⅓큰술, 생강즙 ½작은술, 마늘즙·찹쌀풀 1큰술씩, 고춧가루 ½큰술

How to make

1 마늘장아찌는 건져서 큰 것은 한입 크기로 썰고 체에 걸러 물기를 뺀다.
2 방울토마토 중 반은 윗부분에 십자(+)로 칼집을 넣어 끓는 물에 데친 다음 껍질을 벗기고 즉시 찬물에 씻어 열기를 없앤다. 나머지 방울토마토는 그대로 쓴다.
3 양파는 한 겹 벗겨 0.5cm 크기의 사각형 모양으로 썰고, 껍질 벗긴 배도 양파와 같은 크기로 썬다. 쪽파와 풋고추는 1cm 길이로 송송 썬다.
4 ②의 방울토마토와 ③의 채소들, 양념 재료를 모두 넣고 버무려 10분간 둔다.
5 ④에 ①을 넣고 골고루 버무려 김치통에 담은 즉시 김치냉장고에 넣어두고 먹는다.

Cooking Tip

* 방울토마토의 아삭한 식감과 부드러운 식감을 모두 맛볼 수 있도록 방울토마토의 반은 데친 뒤 껍질을 벗기고, 반은 생으로 사용한답니다.
* 마늘장아찌가 너무 짜다면 물에 담가 짠 기를 줄여보세요.
* 파티나 집에 손님이 왔을 때 전채 요리로 내놓으면 맛도 모양도 일품이랍니다.

황태고추김치

| 분량 6회분 | 먹는 시기 즉시 | 보관 기간 7일 |

Ingredient

풋고추 12개
절임 물 1컵, 소금 ½큰술
김치소 황태포 20g, 소주물(물 10㎖+소주 15㎖), 양파·부추 10g씩, 쪽파 1줄기, 홍고추 1개
양념 밀가루풀 1큰술, 까나리액젓 ½큰술, 새우젓 ½작은술, 고춧가루 ⅔큰술,
다진 마늘·생강청 1작은술씩

How to make

1 고추는 양 끝을 1cm씩 남기고 가운데 한 곳을 8cm 길이로 칼집을 넣는다.
절임물에 고추가 뜨지 않도록 눌러서 40분간 절인 다음 물기를 없앤다.
2 황태포는 소주물을 스프레이에 넣고 뿌려서 촉촉해지면 잘게 찢는다.
3 쪽파와 부추는 1cm 길이로 썰고 양파와 홍고추도 같은 크기로 다진다.
4 양념 재료를 모두 섞은 뒤 ②와 ③을 넣고 버무린 다음 ①의 고추 속에 채운다.
5 김치통에 담아 실온에서 반나절 보관한 다음 냉장고에 넣는다.

Cooking Tip

* 황태를 소주물로 불리면 황태 특유의 냄새를 잡을 수 있어요.
* 고추는 물기가 적은 채소이기 때문에 탄수화물인 밀가루풀을 넣으면
  더욱 부드러워지고 구수한 맛이 납니다.

건새우가지김치

| 분량 6회분 | 먹는 시기 1일 후 | 보관 기간 7일 |

Ingredient

가지 2개(250g), 쪽파 3줄기, 당근·부추 30g씩, 양파 ¼개(40g)
절임 물 3큰술(45㎖), 소금 ⅔큰술, 설탕 ½작은술
양념 찹쌀죽·다진 마늘·고춧가루 1큰술씩, 까나리액젓·다진 건새우 2큰술씩, 생강 1작은술

How to make

1 가지는 꼭지를 잘라내고 4cm 길이로 자른다. 젓가락을 11자로 놓고 젓가락 가운데에 가지를 놓은 다음 십자(+)로 칼집을 낸다
2 가지를 김 오른 찜통에 넣고 소금을 뿌려주고 2~3분간 살짝 쪄서 얼음물에 재빨리 식힌다.
3 쪽파, 부추는 1cm 길이로 썰고 당근, 양파는 다진다.
4 양념 재료와 ③을 고루 섞어 가지 속을 채운다.
5 김치통에 담고 바로 냉장 보관한다.

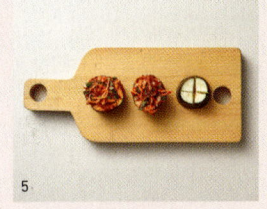

Cooking Tip

★ 가지의 식감을 느끼고 싶다면 찌지 말고 생으로 절임물에 오래 두세요.
★ 한여름의 별미 김치로 으뜸!

과일물김치

분량 7회분　|　**먹는 시기** 즉시　|　**보관 기간** 2~3일

Ingredient

배 ½개(100g), 사과 ½개(80g), 귤 ⅗개(40g), 석류알 20개, 목이버섯 3장,
무 50g, 배추 100g, 미나리·쪽파 2줄기씩
양념 간장·설탕·식초·유자청·유자 껍질 1큰술씩, 조청 1⅓큰술, 청양고추·홍고추 ½개씩
김치 국물 물 2⅔컵, 소금 1큰술

How to make

1 사과와 배는 껍질을 벗겨 2×2cm 크기로 썰고,
귤은 과육의 모양대로 가르고 석류알은 그대로 쓴다.
2 무는 사과와 같은 크기로 썰고 배추와 목이버섯도 비슷한 크기로 썬다.
미나리와 쪽파는 2cm 길이로 썬다.
3 양념 중 유자 껍질은 다지고 청양고추와 홍고추는 송송 썬다.
4 ③과 나머지 양념 재료를 섞은 뒤 ①과 ②를 넣고 고루 버무린다. 김치통에 담고
3시간 실온 보관 후 김치 국물을 부어 냉장고에 보관한다.

Cooking Tip

* 옛날에 궁정에서 왕이 먹던 장김치를 변형한 물김치랍니다.
  감, 귤, 석류 등의 과일을 물김치에 넣으면 맛과 향이 우러나 풍미가 좋아요.
* 석류알은 생략해도 괜찮아요.

수박콜라비섞박지

분량 6회분　|　**먹는 시기** 즉시　|　**보관 기간** 10일

Ingredient

수박 껍질 220g, 콜라비 ⅓개(100g), 무 50g, 쪽파 2줄기, 부추 30g, 양파 ¼개(40g),
홍고추·청양고추 2개씩
절임 소금 1큰술, 설탕 1작은술, 물 20㎖
양념 고추씨·찹쌀죽·멸치액젓 1큰술씩, 마늘채 1⅔큰술, 새우젓 ½작은술,
생강즙·생강청 1⅓큰술씩

How to make

1 다 먹은 수박은 초록색 껍질과 분홍색 부분을 다 벗겨내고 3×2.5cm 크기의
사각형 모양으로 썬다. 콜라비와 무도 수박과 같은 크기로 준비한다.
2 양파는 얇게 채 썬다.
3 ①과 ②의 재료에 소금, 설탕을 넣어 섞고 스프레이로 물을 뿌려 10분간 절인다.
4 쪽파와 부추는 3cm 길이로 자르고 청양고추와 홍고추는 송송 썬다.
5 양념 재료를 고루 섞고 ③과 ④를 넣어 고루 버무린다.
6 담근 즉시 냉장 보관한다.

Cooking Tip

* 물기를 뺄 때 무거운 것으로 눌러 물기를 짜면 재료들의 수분이
  적당히 빠지면서 쫀득한 식감이 더욱 살아나요.
* 수박의 초록 껍질과 분홍색 속을 모두 제거해야 맛있는 김치가 완성됩니다.
  특히 수박의 분홍색 속이 남은 상태로 김치를 담그면 빨리 물러지고 특유의 맛을 잃게 된답니다.
* 수박과 콜라비의 조화가 맛을 더 높여줍니다.

채식에 감칠맛을 더해줄 비밀 병기 김치 레시피!
젓갈 없이도 깊고 시원한 감칠맛을 내주는 비법을 소개한다.

배추김치
양파김치
무돌돌이김치
양배추깻잎김치
오이소박이

part.03

채식주의 김치

*이 책의 모든 김치 레시피는 바로 만들어 먹을 수 있도록 소금의 양을 최소화하여 만들었습니다.

part. 3 Kimchi Story [채식주의 김치]

예전부터 유행했던 채식주의(vegetarianism) 음식들이 최근에 본격적으로 유행하고 있어요.
채식주의자들을 위해 용기를 내어 '채식주의 김치'에 도전해봤어요.
이번 장의 김치들은 젓갈을 넣지 않았기 때문에 채식주의자뿐만 아니라
젓갈을 싫어하는 사람들도 맛있게 먹을 수 있답니다.
물론 젓갈이 들어가면 맛이 더욱 풍부해지겠지만 젓갈 없이도 충분히 맛있는 김치를
만들 수 있다는 사실을 확인했어요. 젓갈을 빼려면 더 다양한 재료를 활용하게
되기 때문에 앞으로 다채로운 김치가 탄생할 것 같은 예감이 듭니다.

배추김치

젓갈을 넣지 않은 깔끔한 맛의
배추김치를 먹고 싶다면
채식주의 배추김치를 담가보자.

양파김치

군더더기 없이 깔끔한
양파김치 비법을 소개한다.

무돌돌이김치

쌈무처럼 시원하며 미나리 향을 곁들인 깔끔한 이색 김치를 만들어보자.

양배추깻잎김치

양배추와 깻잎의 색다른 조화! 차곡차곡 쌓아 담으면 요리 한 접시 완성!

오이소박이

만들기도 쉽고 재료 구하기도 쉽다. 사계절 언제나 담글 수 있는 김치로 강력 추천!

배추김치

분량 1포기 | **먹는 시기** 3일 후 | **보관 기간** 30일

Ingredient

배추 2kg(1포기), 소금 30g, 고춧가루 80g, 물 ½컵(80㎖)
절임 물 1.5ℓ, 소금 150g
김치소 무 200g, 배 50g, 대추 3개, 쪽파·미나리 40g씩, 갓·부추 30g씩
양념 배·사과·마늘 50g씩, 생강 10g, 찹쌀죽·설탕 1큰술씩, 새우젓 2큰술, 물·콩가루 3큰술씩

How to make

1 배추는 반으로 잘라 속 깊이 소금 30g을 뿌리고 절임물에 담가 2시간 뒤 한 번 뒤집어주고 총 4시간 절인다. 배추의 줄기 윗 부분은 덜 절여지고 잎 부분은 충분히 절여진 상태가 되면 깨끗이 씻어 채반에다 배추를 엎어놓고 물기를 뺀다.
2 고춧가루는 물에 개어놓고 뚜껑을 덮어둔다.
3 무는 7cm 길이, 0.2cm 굵기로 채 썰고 배는 껍질을 벗겨 무와 같은 크기로 썬다. 쪽파, 미나리, 갓, 부추는 3cm 길이로 자른다. 대추는 과육을 돌려 깎아 곱게 채 썬다.
4 양념 재료는 적당한 크기로 잘라 믹서에 갈아서 ②와 함께 섞는다.
③을 넣어 버무리고 취향에 따라 소금을 가감하며 간을 맞춘다.
5 ④의 김치소를 배추 속에 켜켜이 넣은 후 배추 겉잎 2장으로 감싸서 마무리한다.
6 김치통에 배추 자른 면이 위로 놓이게 담고, 남은 배춧잎을 고루 덮는다. 반나절 실온에서 보관하다 냉장고에 넣는다.

Cooking Tip

* 절인 배추를 씻을 때 떨어진 겉잎들은 버리지 말고 배추김치를 감쌀 때 사용해보세요!
* 젓갈류를 사용하지 않는 채식주의 김치이기 때문에 소금 간이 중요합니다. 취향에 맞게 조절해보세요!
* 김치 맛내기로 대추(시원한 단맛)와 콩가루(고소한 단백질)를 사용하면 맛이 깊어져요.

양파김치

분량 6회분 | **먹는 시기** 즉시 | **보관 기간** 3일

Ingredient

양파 3개(500g), 부추·쪽파 2줄기씩(30g), 파프리카 ½개, 홍고추 1개
절임 소금 6g, 설탕 ⅔큰술, 물 20㎖
양념 고춧가루 1½큰술, 소금 10g, 양파 50g, 물 2큰술, 사과 50g

How to make

1 양파는 뿌리를 자르지 않은 채로 0.8cm 두께로 세로로 썰어 소금과 설탕을 뿌린 후, 스프레이로 물을 뿌려 7분간 절인다.
2 쪽파, 부추, 파프리카, 홍고추는 0.3cm 크기로 다진다.
3 양파와 물을 넣고 믹서에 간 다음 고춧가루와 소금을 섞은 뒤 ①과 ②를 넣어 살살 버무린다.
4 김치통에 담아 즉시 냉장 보관한다.

Cooking Tip

* 양파를 뿌리째로 자르면 양파가 흩어지는 것을 잡아줘요.
* 양파의 맛과 향을 살리기 위해 생강을 생략하고 마늘도 적게 사용하는 것이 포인트!

무돌돌이김치

분량 5회분　|　**먹는 시기** 즉시　|　**보관 기간** 5일

Ingredient

무 280g, 데친 미나리 10줄기
절임 물 1컵, 소금 1작은술
김치소 무 60g, 생미나리 줄기 50g, 파프리카 ½개
양념 생강즙 1작은술, 마늘즙 2큰술, 소금 3g
김치 국물 물 1⅔컵, 마늘 5쪽(15g), 생강 3g, 무·배 20g씩, 청양고추 1개,
소금 ½큰술

1

How to make

1 무는 지름 10cm의 원형, 0.2cm 두께로 20장 썰어 소금물에 15분간 절여서 물기를 뺀다.
2 김치소용 무는 길이 8cm, 두께 0.4cm의 막대형으로 썬다. 생미나리, 파프리카도 무채와 같은 크기로 썬다. 양념 재료를 섞은 뒤 무채와 생미나리, 파프리카를 넣어 고루 버무린다.
3 김치 국물 재료는 적당한 크기로 잘라 믹서에 넣어 간다.
4 ①의 무를 펼쳐 ②의 재료들을 가지런히 올리고 돌돌 말아준다. 데친 미나리 줄기로 무를 묶어 김치통에 담는다. ③의 김치 국물을 체에 걸러 붓고 바로 냉장 보관한다.

2-1

2-2

Cooking Tip

* 겉을 감싸는 무는 소금에 살짝 절여 그대로 사용해야 아삭한 맛을 살릴 수 있어요.
* 무를 얇게 편으로 썰 때 채칼을 사용하면 편리합니다.

4-1

4-2

양배추깻잎김치

분량 6회분 | **먹는 시기** 즉시 | **보관 기간** 3일

Ingredient

양배추 300g, 깻잎 16장, 쪽파 3줄기, 청양고추·홍고추 1개씩
양념 마늘 10g, 생강 4g
김치 국물 물 1ℓ, 소금 1⅔큰술, 식초 1큰술, 설탕 3큰술

How to make

1 양배추는 가운데 심을 도려내고 한 잎씩 떼서 깻잎과 비슷한 크기로 썬다.
2 청양고추, 홍고추는 어슷하게 썰고 쪽파는 3cm 길이로 썬다.
마늘, 생강은 얇게 편으로 썬다.
3 양배추를 2~3장 겹쳐놓고, 그 위에 깻잎 1장을 올린 다음 ②를 골고루 올린다.
분량의 재료를 반복해서 쌓은 다음 생수병이나 눌림돌 등 무거운 것을 얹어 놓는다.
4 분량의 김치 국물 재료를 섞어 ③에 붓는다.
5 김치 국물에 담근 양배추, 깻잎을 두 번 뒤집어주며 총 5시간 동안 숙성시킨다.

Cooking Tip

* 양배추를 썰 때 깻잎들 중 크기가 큰 깻잎에 맞추면 모양이 예쁘게 나와요.
* 재료가 충분히 잠길 정도의 김치 국물을 넣기 때문에 김치통은 깊고 넓은 것이 좋아요.
* 양배추에는 간을 하지 않고 김치 국물에 간을 하기 때문에 5시간 숙성 후에도 싱겁다면 기호에 따라 소금을 약간 넣어 간을 맞추세요!

오이소박이

분량 5회분 | **먹는 시기** 즉시 | **보관 기간** 7일

Ingredient

오이 3개(450g)
절임 물 20㎖, 소금 ⅔큰술(7g)
김치소 부추 30g, 무·감자 50g씩, 석이버섯 1장, 홍고추 1개
양념 A – 소금 5g, 설탕 ½큰술, 새우젓·다진 마늘 ⅔큰술씩, 다진 생강 ½작은술, 홍고추 1개
  B – 소금 10g, 배 50g, 청양고추 2개, 양파 40g, 설탕 2g, 찹쌀죽 10g, 물 ½컵

How to make

1 오이는 3cm 길이로 썰어 소금을 뿌리고 스프레이로 물을 뿌려 10분간 절인다.
절여지면 오이를 건져 끓는 물을 끼얹고 찬물에 헹궈 손으로 꼭 짠다. 절임물은 버리지 않고 둔다.
2 도마에 젓가락을 나란히 두고 그 위에 오이의 동그란 면이 위로 오게 놓는다.
오이에 십자(+)로 젓가락에 닿을 만큼 칼집을 넣는다.
3 부추는 3cm 길이로 썰고 감자, 무, 석이버섯은 3cm 길이, 0.2cm 두께로 채 썬다.
홍고추는 씨를 빼고 무와 같은 길이로 썬다.
4 양념 A를 모두 넣어 고루 섞은 뒤 ③을 넣고 섞어 간을 맞추고 싱거우면
①의 오이 절인물로 간을 맞춘다.
5 ②의 오이에 ④의 김치소를 채운 다음 김치통에 담아 3시간 정도 실온에서 보관한다.
6 양념 B를 모두 믹서에 넣어 갈고 체에 걸러 국물만 ⑤의 김치통에 따라 붓고 냉장 보관한다.

Cooking Tip

* 오이소박이용 오이는 줄기 부분의 굵기가 일정하고, 꽉 찬 느낌으로 무거우며,
  길이가 비슷한 게 좋아요.
* 다 못 먹을 때는 김치 국물을 빼고 랩에 싸서 냉동시켰다 먹으면 색다른 맛이 나요.

엄마표 김치를 가장 쉽게 만들 수 있는 비법들을 한데 모았다.
엄마 김치, 이제 쉽고 맛있게 만들어보자.

표준배추김치
깍두기
총각김치
간단보쌈김치
번개동치미

part.04

손쉽다 김치

*이 책의 모든 김치 레시피는 바로 만들어 먹을 수 있도록 소금의 양을 최소화하여 만들었습니다.

part. 4 Kimchi Story [손쉽다 김치]

김치 만들기를 어려워하거나, 사 먹는 김치를 더 좋아하는 사람들에게
직접 만들어 먹는 김치가 얼마나 간편하고 맛있는지를 알려주고 싶었어요.
레시피는 간단하지만 맛있는 김치, '손쉽다 김치'를 소개해요.
손이 많이 가면 갈수록 더욱 맛있는 김치가 되는 것은 사실이에요.
하지만 바쁜 일상 속에서 김치를 만들어 먹으려면 김치 만드는 방법도 바뀌어야 한다고 생각했어요.
레시피를 여러 번 수정하면서 필요 없는 과정은 과감히 없애거나 간소화하는 데에 열정을 쏟았답니다.
레시피는 간단한데 맛은 최고이니 꼭 만들어보세요!

표준배추김치

뭐니 뭐니 해도 김치는 배추김치가 최고!
손쉽게 만드는 표준 레시피를 소개한다.

깍두기

시원한 무로 만드는 아삭한 깍두기.
손쉽게 만들어 냉장고에 넣어두면
두고두고 잘 먹는다!

총각김치

매콤하고 달콤한 맛이 일품인 총각무로
시원한 김치를 만들어보자.

간단보쌈김치

레시피는 간단한데 완성된 김치는 거의 요리!
쉬운 레시피로 색다른 보쌈김치를 만들어보자.

번개동치미

번개처럼 빨리 만들 수 있어서 번개동치미다.
레시피는 간단한데 맛은 대박!

표준배추김치

분량 20회분 | **먹는 시기** 3일 후 | **보관 기간** 1개월

Ingredient

- 배추 1포기(2.5kg), 소금 70g
- **절임** 물 4컵(800㎖), 소금 180g
- **김치소** 무 400g, 배 200g, 쪽파 70g, 미나리 30g, 대파 흰 부분 ⅔개(30g)
- **양념** A – 물 ⅔컵, 마늘 100g, 생강 15g
  B – 고춧가루·찹쌀죽 150g씩, 멸치액젓 100㎖, 새우젓 25g

How to make

1 배추는 반 정도 칼집을 넣은 뒤 손으로 찢어 반으로 가른다.
배추 속 깊이 소금(70g)을 뿌리고 절임물에 담근 뒤 중간에 세 번 뒤집어가며
총 4시간 동안 절인다. 절인 배추는 물에 3~4회 씻어 채반에 엎어 물기를 뺀다.
2 무와 배는 7cm 길이로 채 썰고, 미나리와 쪽파는 3cm 길이로 썰고, 대파는 송송 썬다.
3 양념 A를 믹서에 넣고 거칠게 간 다음 양념 B와 ②를 넣고 고루 섞어 김치소를 만든다.
4 절인 배추의 겉잎 부분부터 소를 넣어 속을 모두 채운 뒤 배춧잎을 모아 포갠 다음
겉잎 2장을 좌우로 나누어 배추 전체를 감싸듯이 싼다.
5 김치통에 배추김치를 담고, 남은 배추 겉잎을 덮은 다음 랩으로 김치 윗부분 전체를 덮는다.

Cooking Tip

* 배추를 손으로 찢으면 칼로 자를 때보다 배추 손실이 적어요.
* 배추를 빨리 절이고 싶다면 배추 속 깊이 소금을 더 뿌리고 미지근한 물에 절이거나
  절이는 동안 자주 뒤집어주는 방법을 사용해보세요!
* 겨울에 배추를 절일 때는 7~8시간, 여름엔 3~4시간 절여야 알맞아요.

깍두기

| 분량 8회분 | 먹는 시기 3일 후 | 보관 기간 1개월 |

Ingredient

무 500g, 고춧가루 10g, 쪽파·미나리 20g씩, 검은깨 약간
양념 A – 불린 건고추 4개, 사과·양파 20g씩, 생강 3g, 마늘·찹쌀죽 60g씩, 고춧가루 1⅓큰술
　　　 B – 고춧가루 80g, 까나리액젓 2큰술, 새우젓 1작은술, 소금 ⅓작은술, 유자청 20g

How to make

1 무는 2cm 크기로 깍둑썰기해 고춧가루로 버무려 색을 낸다.
2 양념A의 재료 중 건고추는 30분 정도 불린 후 나머지 재료와 함께
믹서에 넣고 곱게 간다. 양념 B와 고루 섞는다.
3 쪽파와 미나리는 3cm 길이로 썰어 ②와 섞어 깍두기 양념을 만든다.
4 ①에 ③을 넣고 고루 버무린 다음 검은깨를 뿌리고 한 번 더 버무려
반나절 실온에 두다가 냉장고에 보관한다.

Cooking Tip

* 무를 절이지 않고 양념 간으로 만들기 때문에 간단하고 쉽게 담글 수 있어요.
* 단맛을 더 내고 싶다면 설탕보다 유자청을 추가해보세요!
　한결 깔끔한 단맛을 낼 수 있어요.

총각김치

분량 15회분 | **먹는 시기** 3일 후 | **보관 기간** 1개월

Ingredient

총각무 1kg, 소금 ⅔큰술(10g), 쪽파 100g
절임 물 4컵(800㎖), 소금 4큰술(75g)
양념 A - 찹쌀죽·마늘 35g씩, 생강 3g, 새우젓 10g, 불린 건고추 4개, 물 2⅔큰술
　　　 B - 고춧가루 2큰술, 멸치액젓 40㎖, 고추씨·설탕 10g씩

How to make

1 총각무를 절일 때 무 쪽에 소금을 조금 더 뿌린다.
중간에 두세 번 뒤집어가며 총 2시간 동안 절인다. 잎보다 무가 잘 절여지도록 한다.
2 쪽파는 총각무를 절이는 중간에 함께 넣어 20분간 절였다가 총각무와 함께 씻어 물기를 뺀다.
3 양념A의 재료는 믹서에 넣고 갈아 양념 B와 고루 섞는다.
4 총각무에 ③의 양념을 조금 넣어 고추색을 낸 다음 나머지 양념을 다 넣고
맛있게 버무린다. 쪽파도 함께 버무린다.
5 총각무 잎과 쪽파를 함께 붙여 돌돌 말아 김치통에 담고
남은 무청으로 김치 윗부분을 덮는다.
6 실온에서 24시간 익힌 후 냉장고에 넣는다.

Cooking Tip

* 총각김치는 먹을 때마다 썰기가 번거로워요. 두세 끼 먹을 만큼 꺼내어
보관 그릇에 담고 가위로 한입에 먹기 좋은 크기로 잘라놓고 먹으면 편리하답니다.
* 절일 때 잎 부분이 부드럽게 절여지면 OK! 무 부분까지 부드럽게 절이면 짜져요!

*흔히 알타리김치라고도 하는데 총각김치가 공식화된 명칭입니다.

간단보쌈김치

| 분량 10회분 | 먹는 시기 2일 후 | 보관 기간 7일 |

Ingredient

배춧잎 10장, 데친 미나리 8줄기
절임 물 2¼컵(450㎖), 소금 2½큰술(50g), 설탕 1큰술(15g)
김치소 배·사과 30g씩, 배추속대 250g, 전복·밤·대추 2개씩, 쪽파 70g, 미나리 30g, 석이버섯 2장
김치 국물 물 1½컵, 마늘 25g, 생강 5g, 양파 30g, 까나리액젓 2큰술(30㎖)
양념 유자청 3큰술, 고춧가루·소금 1큰술씩

How to make

1 배추 밑동을 잘라 잘생긴 잎 6장을 절임물에 1시간 동안 절인 다음 깨끗이 씻어 물기를 가볍게 짠다.
2 김치소 중 배와 사과는 0.2cm 크기로 깍둑썰기한다. 배추속대와 미나리, 쪽파는 3cm 길이로 썰고 살짝 데친 전복과 석이버섯, 밤, 대추는 0.2cm 두께로 채 썬다. 김치소 재료에 양념 재료를 모두 넣어 버무린다.
3 ①의 배춧잎 중 반은 잎만, 반은 두꺼운 줄기 부분만 잘라 엇갈리게 겹쳐서 1장을 만든다.
4 작은 밥공기에 미나리를 길게 2가닥으로 나누어서 십자 모양으로 놓고, 그 위에 ③의 배춧잎을 깐다.
5 ②의 김치소를 넣고 잎을 동그랗게 싸서 미나리 줄기로 묶어 김치통에 담고 남은 배추 겉잎으로 덮는다. 실온에 6시간 정도 두었다가 냉장고에 보관한다.
6 김치 국물 재료 중 까나리액젓을 제외하고 모두 믹서에 넣어 간 다음 액젓을 넣으며 간을 맞추고 체에 걸러 냉장 보관한다.
7 ⑥의 김치 국물은 24시간이 지난 후 ⑤의 보쌈김치에 붓는다.

Cooking Tip

* 큰 배춧잎은 1장으로 1개의 보쌈김치를 만들 수 있어요.
* 연초록 잎이 만들기 좋아요!

번개동치미

분량 10회분 이상 | **먹는 시기** 2일 후 | **보관 기간** 10일

Ingredient

무 700g, 무청 2줄기, 배 ⅛개(40g), 쪽파 2줄기, 고추장아찌 2개,
다진 청각 10g, 유자청 2큰술, 홍고추 1개, 통후추 6개, 소금 ½작은술
절임 소금 2큰술(30g), 설탕 ½큰술(10g), 물 50㎖
동치미 국물 무 절인 물 ¼컵(50㎖), 물 3½컵(700㎖)
양념 배 40g, 마늘 20g, 생강 10g, 양파·찹쌀죽 30g씩

How to make

1 무는 5cm 길이로 직사각형 모양으로 자른 뒤 무청과 함께 물, 소금, 설탕을 뿌려 절인다.
중간에 한 번 뒤집고 30분간 절인다. 뒤집을 때 쪽파도 함께 넣어 절이고,
다 절여지면 채반에 올려 물기를 뺀다. 절인 물은 따로 보관한다.
2 양념 재료와 고추장아찌 1개를 믹서에 간다. 다진 청각, 유자청과 함께 체에 거른다.
3 고추장아찌 1개와 ①의 무청은 쪽파로 감고, 배에는 통후추를 박는다.
4 ①과 ②를 고루 섞어 김치통에 넣고 송송 썬 홍고추를 넣은 다음
③을 위에 얹는다. 실온에서 6시간 둔다.
5 동치미 국물 재료 전부를 냄비에 넣고 끓인 뒤 식힌다. 간은 소금으로 맞추고
④에 부어 냉장 보관한다.

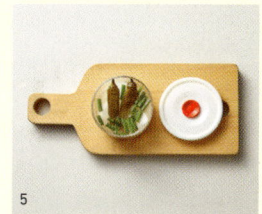

Cooking Tip

* 양파와 찹쌀죽을 넣으면 빠르게 발효시킬 수 있답니다.
  번개만큼 빠르게 담가 먹을 수 있는 것이 포인트!
* 겨울 무를 써야 하지만 일반 무로 만들어도 괜찮아요.
* 삭힌 고추 대신 고추장아찌로 대체해도 맛나요!

엄마의 엄마가 만들어주셨던 진한 맛의 김치들.
지금은 낯설지 몰라도, 한번 맛보면 오래도록 좋아하게 될 진짜 김치들을
소개한다. 엄마 손맛이 그리울 때 차근차근 만들어보자.

대구아가미깍두기
감태김치
멍게김치
유자백김치
갈치무쩍김치

part.05

울엄마 김치

*이 책의 모든 김치 레시피는 바로 만들어 먹을 수 있도록 소금의 양을 최소화하여 만들었습니다.

part. 5 Kimchi Story [울엄마 김치]

어머니와의 추억과 고향의 맛이 담긴 '울엄마 김치'를 소개해요.
저의 김치는 저희 어머니의 김치를 말하지 않고서는 이야기할 수 없을 정도로 어머니의 영향을 많이 받았어요.
어머니는 제가 어렸을 때부터 김치뿐만 아니라 나물이나 반찬들을 만들면 꼭 저에게 맛을 보도록 했거든요.
그 덕분에 제가 이렇게 맛있는 김치들을 여러분에게 소개할 수 있게 되었나봅니다.
어머니가 감태를 뜯으러 가실 때는 언니와 함께 바닷가에 갔던 기억이 선명해요.
어머니가 장에서 막잡아온 갈치를 사오시면 그날은 회로 먹고 구이로 먹고 다음날 아침에 갈치국으로 먹고
김치도 담그고 젓갈도 담궈서 맛있게 먹었던 그 순간들이 마치 엊그제 같은데 정말 많은 시간이 흘렀네요.
지금 어머니는 연세가 아흔이 넘으셨고, 편찮으시지만 예전에는 고향 거제도의 명물인
갈치로 담근 '갈치무쩍김치', 대구 아가미로 담근 '대구아가미깍두기'를 만들어 저에게 보내시곤 했어요.
이 레시피는 저희 어머니에게도 보여드리고 싶어요. 나아가 제 아이들에게도 물려줄
이 레시피를 '혼밥인류' 여러분과도 함께 나누고 싶어요.

대구아가미깍두기
대구라는 생선의 아가미는 낯설겠지만,
일단 먹어보면 그 시원한 맛, 잊을 수 없다!

감태김치
바닷가에서는 감태로도 김치를 만들어 먹는다.
불면증에도 좋으니 엄마 손맛 그리울 때 도전!

멍게김치

무더운 여름 입맛 없을 때 싱싱한
멍게로 김치를 만들어보자.
집 나간 입맛이 돌아올 거다!

유자백김치

유자청으로 김치를 만들 수 있다? 있다!
배추와 유자청만 있으면 상큼한 백김치 완성!

갈치무쩍김치

시원하고 깊은 맛이 일품인 갈치로 만든 김치.
엄마의 엄마가 만들어주시던 그 손맛!

대구아가미깍두기

🍴 **분량** 14회분 | ⏱ **먹는 시기** 30일 | 📅 **보관 기간** 3개월

Ingredient

대구 아가미 200g(5마리 분량), 무 700g, 굵은소금 ½작은술
절임 아가미 절임용 소금 3큰술, 무 절임용 소금 2큰술, 물 2큰술
김치소 대파 흰 부분 1대(40g), 홍고추 2개, 쪽파 5줄기(20g)
양념 고춧가루·멸치액젓·다진 마늘·찹쌀풀 3큰술씩, 불린 건고추 5개, 고추씨·다진 생강 ½큰술씩, 설탕 ¾큰술

1

How to make

1 대구 아가미는 굵은소금을 넣고 빡빡 주물러 씻고 2~3회 헹구어 물기를 뺀다. 아가미 절임용 소금을 넣고 고루 섞어 실온에서 1일간 절인다.
2 무는 2cm 크기로 깍둑썰기해 무 절임용 소금과 물을 뿌리고 고루 섞어서 1시간 동안 절인다. 한두 번 뒤적여주고 다 절여지면 물기를 뺀다. 이때 무 절인 물 ½컵(100㎖)을 따로 보관한다.
3 물에 불린 건고추를 적당한 크기로 자르고, ②의 무 절인 물과 함께 믹서에 거칠게 갈아 분량의 양념 재료와 고루 섞는다.
4 ①의 아가미를 한 번 씻어 손으로 물기를 짠 다음 1cm 크기로 썰고 ③의 양념 1큰술을 넣고 버무린다.
5 무는 양념 3큰술에 비벼 붉게 색을 낸다. 대파는 송송 썰고, 홍고추는 씨를 뺀 뒤 굵게 다지고, 쪽파는 3cm 길이로 썬다.
6 모든 재료를 다 넣고 고루 버무려서 2일간 실온 보관 후 냉장 보관한다(여름에는 1일간 실온 보관 후 냉장 보관).

2

4-1

4-2

Cooking Tip

* 대구 아가미를 손질할 때 딱딱한 돌 같은 뼈는 버리세요.
  아가미 자체는 익으면서 식감이 부드러워져 씹히는 맛이 일품이랍니다.
* 불린 건고추를 믹서에 갈 때는 맹물보다 배추나 무 절인 물을 사용하면 맛이 더욱 좋아져요.

감태김치

분량 7회분　　**먹는 시기** 즉시　　**보관 기간** 7일

Ingredient

감태 220g, 청양고추·홍고추·고추장아찌 1개씩, 쪽파 1줄기, 멸치액젓·고춧가루 2큰술씩,
통깨 1큰술
소금물 물 1컵, 소금 ½작은술

How to make

1 감태는 소금물에 3~4분 정도 담갔다가 박박 주물러 씻은 후 3~4회 헹구어 채반에 밭친다.
2 청양고추와 홍고추, 고추장아찌, 쪽파는 송송 썬다.
3 ①의 감태는 4cm 길이로 썰어 멸치액젓, 고춧가루를 넣고 조물조물 무친다.
4 ②의 재료와 ③의 감태를 한데 넣고 고루 버무린 후 통깨를 듬뿍 뿌린다.

Cooking Tip

★ 감태는 주로 바다의 얕은 물 밑 바위에 자생해 잡티가 많으므로 잘 손질하고
깨끗하게 씻어야 해요.

멍게김치

분량 10회분 | **먹는 시기** 즉시 | **보관 기간** 7일

Ingredient

손질된 멍게 300g, 배추 ½포기(1kg), 무 250g, 통깨 ½큰술
절임 멍게 절임용 소금 ½작은술, 배추 절임용 소금 2큰술, 물 4컵
김치소 홍고추 3개, 청양고추 1개, 쪽파 10줄기, 부추 15g
양념 고춧가루 4큰술, 찹쌀죽 3큰술, 멸치액젓 2큰술,
다진 마늘·설탕 1큰술씩, 생강 1작은술

How to make

1 손질된 멍게를 흐르는 물에 살살 씻어 물기를 뺀 다음 3등분으로 자른다.
멍게에 멍게 절임용 소금을 뿌려 3~4분 절인 다음 물에 씻어 물기를 꼭 짠다.
2 배추는 밑동을 자른 뒤 손으로 배춧잎을 적당한 크기로 찢고 깨끗이 씻은 다음
소금을 뿌리고 물을 부어 40분 정도 절인다. 이때, 중간에 한 번 배추를 뒤집는다.
3 무는 0.7×2cm 크기의 사각형으로 썬다. ②의 배추를 뒤집을 때
무도 함께 넣어 절이고, 다 절여지면 물에 헹궈 채반에 밭쳐 물기를 뺀다.
4 홍고추는 씨를 뺀 뒤 4cm 길이로 채 썰고, 청양고추는 다지고,
쪽파와 부추도 3cm 길이로 자른다.
5 분량의 양념 재료에 ④를 넣어 버무리고 ①의 멍게, ③의 무, 배추와 고루 섞는다.
통깨를 뿌려서 한 번 더 가볍게 섞는다.

Cooking Tip

* 멍게는 손질된 것을 사용하면 간편해요. 통멍게를 구입했다면 위아래 돌기와
뿌리 부분을 자르고 검지를 넣어 돌려가며 멍게 속살을 조심스럽게 끄집어내세요.
멍게 속살에 칼집을 넣어 개흙(뻘)을 걷어내고 흐르는 물에 씻어요.
* 멍게의 향을 살리기 위해 생강은 넣지 않고 마늘도 최소한으로 넣는 것이 좋아요.

유자백김치

| 분량 10회분 | 먹는 시기 즉시 | 보관 기간 10일 |

Ingredient

작은 배추 ½포기(1kg)
절임 물 3컵(600㎖), 배추 절임용 소금 70g, 배추 속에 뿌릴 소금 10g
김치소 무·배 100g씩, 쪽파·대추·미나리 20g씩, 생강 10g, 유자청 1큰술
양념 찹쌀풀·멸치액젓 2큰술씩, 다진 마늘 ⅔큰술
김치 국물 물 800㎖, 무·배 50㎖씩, 유자청 2큰술, 생강·소금 10g씩
고명 실고추·잣 약간씩

How to make

1 물과 배추 절임용 소금을 고루 섞어 배추를 담근 뒤 소금 10g를 배추 속에 뿌려서 약 3시간 동안 절인다. 중간에 두세 번 뒤집어준다. 절인 배추는 물에 깨끗이 씻어 채반에 엎어서 물기를 뺀다.
2 무와 배는 7cm길이, 0.3cm 굵기로 채 썰고 쪽파와 미나리는 3cm 길이로 썬다. 대추는 돌려 깎아서 생강과 함께 채 썬다. 유자청의 유자는 3cm 길이로 채 썰어 김치소를 준비한다.
3 ②의 김치소와 분량의 양념 재료를 함께 고루 섞는다.
4 ①의 배추 사이에 ③을 넣고 배추 겉잎은 2~3장 남겨 배추 전체를 감싼다.
5 김치 국물 재료 중 무, 배, 생강은 강판에 갈아서 즙으로 만든다. 유자청과 물을 붓고 간을 보면서 소금을 가감한다.
6 ④를 김치통에 담고 겉잎을 위에 덮는다. 반나절 동안 실온 보관하며 간이 배게 한 다음 ⑤의 김치 국물을 살며시 따라서 붓고 냉장고에 둔다. 상에 낼 때 고명을 얹어 낸다.

Cooking Tip

* 물김치라서 오래 절이지 않아도 괜찮아요.
* 유자 재료는 유자차를 만들어 먹는 유자청을 활용하면 충분해요.
* 재료에 양념이 골고루 배게 한 다음 김치 국물을 붓는 게 맛있는 물김치 담그기의 비결이랍니다!
* 실고추와 잣은 기호에 따라 올려주세요.

갈치무쩍김치

분량 50회분 | **먹는 시기** 6주 | **보관 기간** 6개월

Ingredient

갈치(중간 크기) 300g, 무(무청 포함) 1.3kg, 쪽파 70g, 홍고추·청양고추 2개씩
절임 갈치 절임용 소금 2⅔큰술, 무 절임용 소금 2큰술, 물 2컵
양념 다진 생강 20g, 고춧가루 4큰술, 고추씨 1큰술, 멸치액젓 2½큰술,
다진 마늘·찹쌀풀 2큰술씩, 불린 건고추 3큰술

How to make

1 갈치는 비늘을 긁어내고 가위로 머리, 꼬리, 지느러미를 손질한 뒤 씻어 물기를 뺀다. 갈치를 3cm 길이로 어슷하게 썰고, 소금으로 1시간 정도 절인다.
2 무는 손가락 4개를 모은 크기로 어슷하게 썰고, 소금과 물을 뿌려 50분간 절인다. 절이는 동안 두 번 뒤집고, 무청은 통째로 넣어 함께 절인다. 채반에 담아 물기를 뺀 다음 절인 물은 따로 보관한다.
3 홍고추, 청양고추는 씨가 있는 채로 굵게 다진다.
4 양념의 불린 건고추는 잘게 썰어 다지고 나머지 양념 재료와 함께 고루 섞는다.
5 ①의 갈치를 물에 한 번 씻어 물기를 닦은 다음 ④를 조금 넣고 고루 버무린다.
6 ②, ③, ④, ⑤, 쪽파를 한데 넣어 고루 섞이게 잘 버무린다.

Cooking Tip

* 갈치는 비늘과 머리, 꼬리, 지느러미, 내장의 핏물 등을 깨끗이 손질해야 비린내가 나지 않아요.
* 무청과 파를 넣고 김치를 담그면 감칠맛이 더해져요.
* 남해안의 갈치김치는 박하잎이나 산초가루를 즐겨 넣으니 한번 도전해보세요.

> 아~ 한번 드셔보실래요?
> 아는 맛이 더 무섭다고 하죠?
> 칼칼하면서도 깔끔하고 시원한 끝맛까지,
> 완벽한 김치의 매력을 많은 사람이
> 알았으면 해요.

(포토 에세이)

제 김치 맛 한번 보실래요?

> 싱싱하고 속이 꽉 찬 건강한 배추를 보면
> 김치를 담그기 전부터 설레요.
> 이런 기분 자체가 건강한 에너지를
> 주는 것 같다고나 할까요?
> 김치 담그는 일을 두려워하지 마세요.
> 과정 하나하나가 힐링의 과정이고
> 명상의 시간이 될 수 있거든요.

EPILOGUE

> 김치는 좋은 재료가 가장 중요해요.
> 재료를 아끼는 순간
> 그 김치는 이미 망친 셈이죠.
> 태양초 고춧가루는 매년 제가 직접
> 매의 눈으로 확인하고, 또 확인한답니다.

> 전 세계 사람들이 김치를 좋아했으면 해요.
> 억지로 좋아해주길 바라는 건 아니고,
> 모두가 진짜 한국의 김치 맛을
> 제대로 볼 수 있는 기회가 생겼으면 좋겠어요.
> 거기에 제가 힘을 보태고 싶고요.

포토 에세이

오늘은 딸이랑 김치 담그는 날

오늘은 생애 처음으로
딸과 함께 김치를 담그는 날이랍니다.
저도 친정엄마한테 배웠던것 처럼요.
기분이 남다르네요.

이렇게 큰 대구 한 마리에서
얻을 수 있는 아가미의 양도
얼마 안 되죠.
그래서 더 귀한 김치랍니다.

> 꽤 진지하게 배우는 딸의 모습에 감동했어요. 물론 바로 따라 할 순 없겠지만, 이런 경험 자체가 큰 가치가 있다고 생각하거든요.

> 오늘의 미션 끝! 생각보다 딸이 즐거워해서 저도 재미있었어요. 다음에는 배워서 바로 따라 할 수 있는 쉽고 간편한 김치들을 가르쳐주고 싶어요.

포토 에세이

배양자의 김치사랑

121

INDEX

 ㄱ

간단보쌈김치	98
갈치무쩍김치	114
감태김치	108
건새우가지김치	68
겨자잎김치	50
과일물김치	70
깍두기	94
깻잎김치	38

 ㄷ

대구아가미깍두기	106
대파김치	58
돌나물물김치	52

 ㅁ

마늘장아찌방울토마토김치	64
멍게김치	110
무고추장아찌김치	62
무돌돌이김치	82
무채김치	48

 ㅂ

배추겉절이	34
배추김치	78
번개동치미	100
부추김치	30
브로콜리김치	32

 ㅅ

셀러리김치	40
수박콜라비섞박지	72
쌈채소김치	60

혼김치: 혼자 사는 사람들을 위한 김치

양배추깻잎김치	84
양파김치	80
연근토마토김치	36
열무물김치	44
오이소박이	86
우엉김치	42
유자백김치	112

쪽파김치	46

총각김치	96

표준배추김치	92

황태고추김치	66

혼김치
혼자 사는 사람들을 위한 김치

초판 1쇄 발행	2022년 8월 25일
지은이	배양자
발행인	이동한
편집장	김보선
제작총괄	전영미
마케팅	박미선(본부장), 조성환, 박경민
기획·편집	김수영, 김유림(공작소오월)
사진	김정선(라라라 스튜디오)
스타일링	조은정(조은정식공간연구소)
디자인	뮤트스튜디오
교정·교열	이완숙
발행	㈜조선뉴스프레스 여성조선
등록	2001년 1월 9일 제2015-00001호
주소	서울특별시 마포구 상암산로 34 디지털큐브빌딩 13층
편집 문의	sooyoung_may@naver.com
구입 문의	02-724-6797

ISBN 979-11-5578-494-5-13590

값 18,000원

* 이 책은 ㈜조선뉴스프레스가 저작권자와 계약에 따라 발행했습니다.
* 저작권법에 의해 보호받는 저작물이므로 본사의 서면 허락 없이는 이 책의 내용을 어떠한 형태로도 이용할 수 없습니다.
* 저자와 협의하여 인지를 생략합니다.